Ausführliches Verzeichniß der

Guttentag'schen Sammlung

Deutscher Reichs- und Preußischer Gesetze

Text-Ausgaben mit Anmerkungen — Taschenformat

welches alle wichtigeren Gesetze in absolut zuverlässigen Gesetzestexten und in mustergiltiger Weise erläutert enthält, befindet sich hinter dem Sachregister.

Guttentag'sche Sammlung
Nr. 27 Preußischer Gesetze. Nr. 27
Text-Ausgaben mit Anmerkungen.

Gesetz,

betreffend die

Waarenhaussteuer.

Vom 18. Juli 1900.

Text-Ausgabe mit Anmerkungen und Sachregister

von

Dr. jur. G. Strutz,
Geheimer Ober-Finanzrath
und vortragender Rath im Finanzministerium.

Berlin 1900.
J. Guttentag, Verlagsbuchhandlung,
G. m. b. H.

Abkürzungen.

A.A. = Ausführungs-Anweisung.
a. a. O. = am angeführten Orte.
Abg.-H. = Abgeordnetenhaus.
Abs. = Absatz.
A.H. Sten.B. = Stenographische Berichte des Abgeordnetenhauses.
Anm. = Anmerkung.
Art. = Artikel.
Begr. = Begründung.
Bd. = Band.
Drucks. = Drucksachen.
Eink.St.G. = Einkommensteuergesetz v. 24. Juni 1891.
Entsch. i. St.St.S. = Entscheidungen des Oberverwaltungsgerichts in Staatssteuersachen.
Gew.St.G. = Gewerbesteuergesetz v. 24. Juni 1891.
G.S. = Preußische Gesetz-Sammlung.
H.H. Sten.Ber. = Stenographische Berichte des Herrenhauses.
K.A.G. = Kommunalabgabengesetz v. 14. Juli 1893.
Komm.B. = Kommissionsbericht.
Mitth. = Mittheilungen aus der Verwaltung der direkten Steuern.
O.V.G. = Oberverwaltungsgericht.
S. = Seite.
Sten.B. = Stenographische Berichte.
W.St.G. = Waarenhaussteuergesetz.
Vgl. = Vergleiche.

Einleitung.

Etwa seit Mitte der neunziger Jahre des 19. Jahrhunderts wurden auch in Deutschland, wie schon früher in Frankreich, Nordamerika und England in immer wachsender Ausdehnung und Verschärfung die Klagen laut, daß selbständige Gewerbetreibende, welche bisher ihr Fortkommen durch den in geringerem Umfange betriebenen Kleinhandel sicherten, sich durch die übermächtige Konkurrenz der von kapitalkräftigen Unternehmern unterhaltenen großen Waarenhäuser, Bazare, Versandtgeschäfte u. s. w. bedrängt fühlten, die sich nicht blos der Zahl nach vermehrten, sondern ihre Einrichtung immer großartiger und ihren Betrieb durch Ausdehnung auf die verschiedensten Waarenbranchen für den bedrohten Kleinhandel in geringem oder mittleren Umfange immer gefährlicher gestalteten.

Die Motive zu dem Gesetze betr. die Waarenhaussteuer vom 18. Juli 1900 (Drucks. des Abg.=H. 1900, Nr. 47) bemerken hierüber:

„Durch ihre Kapitalkraft und die Größe ihres Umsatzes sind jene Betriebe in den Stand gesetzt, sich einen billigeren Einkauf ihrer Waaren zu verschaffen als ihre kleineren Konkurrenten. Sie vermögen größere, eine reichere Auswahl bietende Läger zu halten und dabei doch ihr Kapital rascher umzusetzen, das Prinzip des Verkaufes nur gegen Baarzahlung durchzuführen, brauchen nicht mit Zins- und Kapitalverlusten an Außenständen zu rechnen und können sich mit einem geringeren Nutzen im Einzelnen begnügen oder sogar ohne Gefährdung ihrer Existenz längere Zeit ohne Reinertrag arbeiten. Sie sind in der Lage, ihre Geschäftshäuser bis in die höchsten Etagen zu Verkaufsräumen zu benutzen, während der kleine und mittlere Detailist nicht daran denken kann, als Verkaufsräume höhere und deshalb billigere Etagen zu miethen. Wie der Räume so ist auch dem großen Umsatz und der in Folge dessen durchzuführenden Arbeitstheilung eine lukrativere Ausnutzung des Personals möglich.

Sind diese Vortheile mehr oder minder jedem Großbetriebe im Detailhandel eigen, so potenziren sie sich und werden noch durch besondere wesentlich verstärkt für diejenigen Waarenhäuser ꝛc., die Waaren der verschiedenartigsten Branchen führen. In dieser Hinsicht sei nur darauf hingewiesen, daß sich wohl in jedem großen Geschäftshause Räume befinden, die als Verkaufs- oder Lagerraum wohl für Waaren der einen, nicht aber der anderen Gattung verwerthbar sind, und die daher, wenn erstere Waarengattung nicht geführt wird, nicht oder doch nur unvollkommen ausgenutzt werden können, daß der langsamere Kapitalumschlag in einer Branche durch den rascheren in einer andern ausgeglichen wird, Absatzstockungen in einzelnen Branchen weniger empfindlich werden und die Möglichkeit gegeben ist, einzelne Artikel ohne Verdienst, ja mit Verlust abzugeben und sich dafür durch den Verdienst an anderen zu erholen, und daß endlich die Gelegenheit, die verschiedenartigen Einkäufe in einem Geschäft zu bewerkstelligen, einen starken Anreiz auf das Publikum ausübt.

Diese und andere Vortheile derartiger Großbetriebe im Konkurrenzkampf haben die Bestrebungen der Kleinhändler nach Abwehr der ihnen drohenden Gefahr hervorgerufen. Man darf annehmen, daß ein Kleinhändler im großen Durchschnitt bei einem jährlichen Umsatz von etwa 30000 Mark sein bescheidenes Durchkommen finden kann. Ein Waarenhaus mit einem Umsatz von 8 Millionen

Mark würde also schon mindestens 100 solche Kleinbetriebe zu ersetzen und damit ebenso viele selbständige Existenzen zu vernichten vermögen, während es in Wirklichkeit für eine noch weit größere Zahl von Geschäften zur allmählichen Verkümmerung durch Entziehung eines Theiles der Kundschaft und Preisdruck führen muß.

Ein solches Waarenhaus zählt aber noch gar nicht zu den größten, deren Umsätze sich vielmehr auf das Vielfache jener Summe beziffern.

Indem die großen Waarenhäuser die kleinen und mittleren Detailgeschäfte durch ihre übermäßige Konkurrenz erdrücken, mindern sie deren Steuerkraft und beeinträchtigen dadurch das Staat und Gemeinde zufließende Steueraufkommen. Ihre eigenen Steuerleistungen vermögen diesen Ausfall nicht auszugleichen. Denn einmal begnügen sie sich zeitweilig, um zunächst die Konkurrenz todt zu machen, mit sehr geringem oder auch gar keinem Nutzen, erzielen daher nur verhältnißmäßig niedrige Erträge. Sodann können sie aber auch dauernd sich mit einer geringeren Verzinsung ihres Anlage- und Betriebskapitals begnügen, und endlich arbeiten sie vielfach mit der Einkommensteuer überhaupt oder doch in der betreffenden Gemeinde entgehendem fremdem Kapital."

Diese Entwickelung des Kleinhandels beschäftigte eingehender die Preußische Landesvertretung zuerst in der Session 1896. Damals wurde von dem konservativen Abg. v. Brockhausen und Gen. der Antrag eingebracht,

> „die Königliche Staatsregierung zu ersuchen, einen Gesetzentwurf vorzulegen, nach welchem von den nach dem Gewerbesteuergesetz vom 24. Juni 1891 (G.-S. S. 205) gewerbesteuerpflichtigen Waarenhäusern, Bazaren, Versandtgeschäften und ähnlichen Unternehmungen eine besondere aufsteigende Be-

triebssteuer erhoben und diese Steuer den Kreisen (Land- und Stadtkreisen) überwiesen wird."

In der zur Vorberathung dieses Antrages niedergesetzten Kommission wurden zwar verschiedene Vorschläge zu einer stark progressiven Besteuerung gemacht und erörtert (vgl. Bericht der XVIII. Kommission 18. Legislaturperiode III. Session. Drucksachen Nr. 225 S. 8 f.). Die Kommission entschied sich aber für keinen der formulirte Gesetzentwürfe enthaltenden Anträge, sondern beschränkte sich darauf, eine Resolution vorzuschlagen,

„die Königliche Staatsregierung zu ersuchen, einen Gesetzentwurf vorzulegen, nach welchem

1. von solchen gewerbesteuerpflichtigen Betrieben, welche als Großbetriebe in Anwendung auf den Detailverkauf (Kleinbetrieb) zu bezeichnen sind und Waaren verschiedener Gattungen im Kleinhandel in offenen Verkaufsstellen feilhalten oder im Wege des Versandes mittels Post, Eisenbahn oder sonstiger Verkehrsmittel an Konsumenten zum Verkauf bringen (Waarenhäuser, Bazare, Versandtgeschäfte) neben der Gewerbesteuer eine besondere Betriebssteuer erhoben wird,
2. die Steuerpflicht bei einem jährlichen Ertrage von etwa mehr als 20000 Mark oder einem jährlichen Umsatze von etwa mehr als 300000 Mk. beginnt,
3. die einzelnen Waarengattungen gesetzlich festgestellt werden unter Ausschluß der Produkte der Landwirthschaft,
4. die Steuer nach der Zahl der geführten Waarengattungen, sowie nach dem jährlichen Umsatze aufsteigt,
5. die Steuer an Kommunalverbände überwiesen wird."

Auch gegen diese Resolution wurden bei der demnächstigen Plenarberathung in der Sitzung vom 9. Juni

1896 selbst von grundsätzlichen Anhängern des ihr zu Grunde liegenden Gedankens Bedenken geltend gemacht. Sie gelangte daher nur mit der Abschwächung zur Annahme, daß die Worte „einen Gesetzentwurf vorzulegen, nach welchem“ ersetzt werden durch

„gesetzgeberische Maßnahmen zu erwägen, nach welchen“.

Regierungsseitig war sowohl in der Kommission, als im Plenum neben Betonung der Unzuständigkeit der Landesgesetzgebung für jede prohibitiv wirkende Besteuerung auf die in der Sache liegenden Schwierigkeiten — Abgrenzung der der Besteuerung zu unterwerfenden Betriebe, Feststellung der zu unterscheidenden Geschäftsbranchen u. s. w. — hingewiesen, zugleich aber die Auffassung vertreten worden, daß die höhere Besteuerung der Großbetriebe, soweit sie an sich berechtigt sei, zweckmäßig durch die betheiligten Gemeinden mittels Einführung entsprechender Gemeindegewerbesteuern zu erreichen sei.

Um die Beschreitung dieses Weges den Gemeinden zu erleichtern, wurden ihnen durch einen Erlaß der Minister der Finanzen und des Innern vom 21. Mai 1897 neue Muster von Gewerbesteuerordnungen nebst einer Denkschrift mitgetheilt, worin gezeigt ist, wie man progressive Steuern nicht nur nach der Gewerbesteuerklasse, sondern auch nach der Höhe des Anlage- und Betriebskapitals einführen und hierzu von den großen Betrieben ebenfalls progressive Zuschläge nach der Zahl der beschäftigten Personen und nach dem Miethsa- oder Nutzungswerth der dem Betriebe gewidmeten Räume erheben könne und durch eine solche Steuer die großen Waarenhäuser besonders scharf erfaßt werden würden.

In der Sitzung vom 19. April 1898 wurde in dem Abgeordnetenhause eine Interpellation eingebracht:

„Welche Maßnahmen hat die Königliche Staatsregierung in Aussicht genommen, um die Schäden und Gefahren', welche dem gewerblichen Mittelstande durch die den Detailhandel mit Waaren verschiedener Gattungen betreibenden großkapitalistischen Unternehmungen entstehen, thunlichst einzuschränken?"

Bei Beantwortung derselben hat die Regierung unter Mittheilung der wenig ermuthigenden Ergebnisse ihrer Erkundigungen über den Erfolg ähnlicher Maßnahmen in der ausländischen, insbesondere der französischen Gesetzgebung wiederholt auf die Vorzüge einer Regelung durch die Autonomie der Gemeinden und auf die dazu gegebene erneute Anregung hingewiesen, gleichzeitig aber auch erkennen lassen, daß bei deren fortdauernder Erfolglosigkeit das Eingreifen der Gesetzgebung in Erwägung gezogen werden müsse.

Die demnächst stattgehabten Verhandlungen und Ermittelungen wie die sonstigen der Staatsregierung zugegangenen Nachrichten ließen die Annahme begründet erscheinen, daß die Gemeinden, während sie gegenüber den industriellen Großbetrieben sich zu einer schärferen Besteuerung in nicht wenigen Fällen entschlossen haben, sich — sei es, weil sie fürchten, die einheimischen Betriebe zu Gunsten auswärtiger zu benachtheiligen, sei es aus Bedenken gegen die Wirksamkeit einer lokalen Regelung, sei es aus anderen Gründen — zu einem autonomen Vorgehen in der Richtung einer gegenüber derjenigen der kleineren Konkurrenten erheblich höheren gewerbesteuerlichen Belastung der Großbetriebe im Detailhandel in absehbarer Zeit in genügend weitem Umfange nicht bereit finden lassen würden.

Die Regierung bereitete daher nunmehr, wiewohl sie nach wie vor der Ansicht war, daß ein autonomes Vorgehen der einzelnen Gemeinden den Vorzug verdiene, in der zweiten Hälfte des Jahres 1898 Vorschläge zu einer landesgesetzlichen Regelung vor.

Sie bezweckte mit denselben nicht, die großen Waarenhäuser und dergleichen Betriebe auf dem Wege der Besteuerung zu unterdrücken, da die Verfolgung eines solchen Zieles nach den Ausführungen der Motive des gegenwärtigen Gesetzes nach der wirthschaftlichen und politischen Lage Deutschlands und dem Stande der Reichsgesetzgebung außerhalb der Macht und der Zuständigkeit der Gesetzgebung der einzelnen Bundesstaaten liegt und sich durch die Rücksicht auf die Konsumenten, die ein berechtigtes Interesse an möglichst wohlfeiler und bequemer Befriedigung ihrer wirthschaftlichen Bedürfnisse haben, und auf andere Gewerbszweige, in denen das Verlangen nach ähnlichen steuerlichen Maßnahmen gegen die übermächtige Konkurrenz des Großbetriebes wachgerufen werden würde, verbietet, vor allem auch weitab von den Aufgaben jeder rationellen Steuerpolitik liegt. Sie beabsichtigte vielmehr nur eine gerechte Besteuerung, die, was speziell die Gewerbesteuer anlangt, alle Betriebe im Verhältniß ihrer Leistungsfähigkeit und ihres Interesses an den Veranstaltungen der Gemeinden trifft.

Unter Anerkennung dieser leitenden Gesichtspunkte der Steuerpolitik wollte die Regierung wenigstens „die sich auf verschiedenartige Waarengruppen erstreckenden und dadurch ihre Uebermacht besonders weiten Kreisen schwächerer Mitbewerber fühlbar machenden Großbetriebe im Kleinhandel, die insbesondere auch an einer großen Anzahl von Gemeindeveranstaltungen, wie den Verkehrsanlagen, dem Feuerlöschwesen u. s. w. ein vorzügliches Interesse haben", einer schärferen Besteuerung unterwerfen, als durch Prozente der zwischen den Gewerbsarten keinen Unterschied machenden, den Großbetrieb nur wenig stärker als den Kleinbetrieb treffenden allgemeinen Gewerbesteuer nach dem Gesetze vom 24. Juni 1891.

Der von diesen Erwägungen geleitete, im Herbst 1898 ausgearbeitete Gesetzentwurf beruhte auf einer Kombination von Nutzungswerth der Geschäftsräume, Zahl der beschäftigten Personen und Zahl der geführten Waarengruppen, indem der für die Einheit der beiden ersteren

Maßstäbe zu erhebende Steuersatz mit der Zahl der Waarengruppen steigen, auch die Steuerpflicht bei Geschäften mit mehr Waarengruppen bei einem niedrigeren Nutzungswerth der Geschäftsräume eintreten sollte, als für weniger vielseitige Geschäfte.

Von der Verwendung des Umsatzes als Steuermaßstab sah der Entwurf somit ab. Die Motive des vorliegenden Gesetzes bemerken zur Begründung dieser damaligen Abstandnahme von einer Umsatzsteuer Folgendes:

„Allerdings ist die Verwerthung des Umsatzes als Besteuerungsmaßstab bei der Gewerbesteuer nichts Ungewöhnliches oder völlig Neues. Schon die Maßstäbe des Gewerbesteuergesetzes vom 30. Mai 1820 liefen mehr oder minder auf eine Besteuerung nach dem Umsatze hinaus, z. B. die Bemessung der Steuer nach der Einwohnerzahl bei Bäckern und Fleischern, nach dem Malzverbrauch der Brauereien und dem Schrotverbrauch der Brennereien. In dem Gesetz vom 19. Juni 1861, betreffend Abänderungen des Gewerbesteuergesetzes, wurde die Abgrenzung der Klasse A I nach der Höhe des Anlage- und Betriebskapitals und „nach der Erheblichkeit des jährlichen Umsatzes" vorgeschrieben. In der Praxis spielt auch heute noch bei der Gewerbe- wie bei der Einkommensteuerveranlagung der Umsatz eine erhebliche Rolle, indem die Veranlagungsbehörden in weitem Umfange, soweit nicht Steuererklärungen vorliegen, wie auch bei Beurtheilung dieser von dem muthmaßlichen Umsatz und dem als Reingewinn anzunehmenden Prozentsatz desselben ausgehen.

Indessen gerade dieses Verhältniß des Umsatzes zum Reinertrage ist notorisch je nach der Art der Waaren und andern Modalitäten ein sehr verschiedenes und hängt keineswegs von dem Willen des Gewerbetreibenden ab. Es ist durchaus irrig, etwa anzunehmen, daß nur die von den kleinen und mittleren Detaillisten bekämpften Großbazare das Prinzip „Großer Umsatz, kleiner Nutzen" ausschließlich oder überwiegend befolgten. Dasselbe wird ebenso auch von großen Spezialgeschäften, an deren Bekämpfung man nicht denkt, beobachtet. Die Besteuerung nach dem Umsatz birgt daher auch bei Beschränkung auf den Kleinhandel die Gefahr in sich, äußerst ungleichmäßig zu wirken.

Dazu kommt, daß gerade die weniger soliden Betriebe leichter als die soliden Spezialgeschäfte in der Lage und geneigt sein dürften, vermöge Ausdehnung auf immer mehr Waarengruppen oder durch noch weitere Herabdrückung der Preise die Umsatzsteuer wieder einzubringen. Andererseits können die betroffenen Geschäfte zum Schaden der Konsumenten und der für den Zwischenhandel arbeitenden Produzenten dazu übergehen, mit geringem Umsatz einen möglichst hohen Gewinn zu erzielen zu suchen. Und hierin würden ihnen die umsatzsteuerfreien Betriebe folgen, so daß den Schaden die konsumirende Mehrheit der Bevölkerung in Gestalt von Preissteigerungen hätte.

Endlich ist die Ermittelung des Umsatzes, da für dessen Schätzung weder das Einkommen noch der Ertrag noch endlich äußere Merkmale einen hinreichenden Anhalt bieten, ohne eine Verpflichtung der Steuerpflichtigen zur Abgabe von Steuererklärungen nicht durchführbar. Die Staatsregierung hegte den Wunsch, eine solche den Steuerpflichtigen zu ersparen."

Mit Rücksicht auf die Bestimmung im § 1 des Handelskammergesetzes wurde jener erste Entwurf zunächst den Handelskammern und ihnen gleichstehenden Korporationen zur Aeußerung mitgetheilt. Die große Mehrzahl derselben sprach sich grundsätzlich gegen jede Sonderbesteuerung der großen Kleinhandelsbetriebe aus. Nur etwa 10 stimmten dem Entwurfe zu, weitere 5 erkannten vorbehaltlich ihrer grundsätzlich ablehnenden Stellung gegen jede Sonderbesteuerung an, daß der Entwurf die relativ beste Steuerform enthalte, und etwa 20 der prinzipiell ablehnenden waren mit diesem Vorbehalt, wenigstens mit einzelnen der Steuermerkmale einverstanden. Vier Handelskammern endlich sprachen sich für eine Besteuerung nach dem Umsatze aus.

Einzelne der die Sonderbesteuerung der Waarenhäuser ablehnenden Handelskammern forderten auch statt deren eine Umgestaltung der allgemeinen Gewerbesteuer. In demselben Sinne sprach sich ein im Januar 1899 in Berlin versammelter Preußischer Städtetag aus.

Aus dem entgegengesetzten Grunde, wie bei den Handelskammern begegnete der Entwurf bei den freien Vereinigungen der kleinen Gewerbetreibenden, zu deren Kenntniß er gelangte, überwiegendem Widerspruch: hier hielt man ihn für nicht genügend weitgehend und verlangte statt der Besteuerung nach Branchen, Nutzungswerth der Geschäftsräume und Gehülfenzahl eine progressive Steuer nach der Höhe des Umsatzes.

Bei dieser Beurtheilung ihres Entwurfs glaubte die Staatsregierung, obwohl sie sich durch Probeveranlagungen in mehreren größeren Städten überzeugt hatte, daß namentlich die aus den Kreisen der kleineren Gewerbetreibenden gegen denselben erhobenen Vorwürfe der Begründung entbehrten, doch von seiner Einbringung im Landtage während der vorigen ohnehin sehr stark belasteten Tagung absehen zu sollen.

Ebensowenig erachtete sie es aber für rathsam, den Weg einer Umgestaltung der erst durch das Gesetz vom 24. Juni 1891 reformirten allgemeinen Gewerbesteuer zu beschreiten. Darüber, welche Gestalt die Gewerbesteuer nach den Wünschen der Befürworter dieses Gedankens erhalten solle, war aus den diesbezüglichen Auslassungen ein klares Bild nicht zu gewinnen. Man schien vor allem an dem Ertrage als Steuermaßstab Anstoß zu nehmen und ihn durch das Anlage- und Betriebskapital und äußere Merkmale ersetzt wissen zu wollen. Indessen sagte sich die Staatsregierung, daß man mit einer solchen Reform, da weder mit dem Anlage- und Betriebskapital noch mit einigen äußeren Merkmalen für alle Arten der Gewerbe auszukommen ist, nothwendigerweise zu einem Gewerbesteuer-Tarif gelangen würde, welcher die einzelnen Gewerbsarten besonders aufführt und für jede die Besteuerung nach den für sie ausgewählten Merkmalen regelt.

Die Mängel dieses Tarifssystems, wie es in Bayern, Frankreich und Oesterreich besteht, waren aber bei Gelegenheit der Umgestaltung der Gewerbesteuer in der Landtagssession 1890/91 ausführlich erörtert worden (vgl. insbesondere die Begründung zum Entwurfe des Gewerbesteuergesetzes, Drucksachen Nr. 13 des Abgeordnetenhauses, S. 25 ff.), und der Landtag hatte sich damals der Auffassung der Staatsregierung, daß sich der Uebergang zu dem Tarifsystem nicht empfehle, durchaus angeschlossen.

Inzwischen hatte das Vorgehen der grundsätzlich an dem Tarifsystem festhaltenden Gesetzgebungen eine immer stärkere Anlehnung an den Ertrag als Steuermaßstab erkennen lassen. So hat sich Bayern in seinem neuen Gewerbesteuergesetze vom 9. Juni 1899 trotz eines detaillirten Tarifes und trotz Gewährung weitester Latitüde an die Veranlagungsorgane genöthigt gesehen, nicht nur dem Ertrage den weitaus breitesten Raum unter allen Besteuerungsmerkmalen einzuräumen, sondern auch zu bestimmen, daß selbst in Fällen, wo die Steuerbemessung prinzipaliter nach anderen Merkmalen stattfindet, doch der Ertrag zu Grunde zu legen ist, wenn die Bemessung nach jenen Merkmalen einen zu hohen oder zu niedrigen Steuersatz ergeben würde (Art. 7.).

Gegenüber derartigen Wahrnehmungen über die geringe Bewährung der äußeren Merkmale konnte es die Regierung nicht für rathsam halten, zu ihren Gunsten bei einer landesgesetzlichen Regelung der Gewerbesteuer die Grundlage des Ertrages zu verlassen. Neben diesen in der Natur der Sache liegenden Erwägungen fiel gegen eine umfassende Reform der Gewerbesteuer in die Wagschale, daß ein derartig weit ausschauender Plan unmöglich in dem Zeitraum von einer Tagung des Landtags bis zur nächsten sich zu einer in allen Details durchgearbeiteten Vorlage hätte verdichten können. Die Staatsregierung hielt sich aber für verpflichtet, nachdem sich die bei Eröffnung der Tagung von 1899 durch die Thronrede erweckte Hoffnung nicht hatte realisiren lassen, nicht noch eine weitere Session vorübergehen zu lassen, ohne dem Landtage eine Vorlage über die Besteuerung der Waarenhäuser zu unterbreiten.

In dieser Ansicht wurde sie durch die Verhandlungen des Abgeordnetenhauses über die Interpellation Hitze-Roeren am 16. Juni und über eine die Sonderbesteuerung der großkapitalistischen Detailgeschäfte fordernde Petition am 3. Juli 1899 wesentlich bestärkt. Denn sie mußte aus diesen Verhandlungen als zweifellos entnehmen, daß die Mehrheit des Abgeordnetenhauses den dringenden Wunsch hegte, mit der Frage der Sonderbesteuerung der Waarenhäuser alsbald befaßt zu werden.

Die gedachten Verhandlungen des Abgeordnetenhauses bewiesen ihr auch, daß die Mehrheit dieses Hauses geneigt war, dem Verlangen der Kleingewerbetreibenden nach einer Besteuerung der Waarenhäuser nach dem Maßstabe des Umsatzes zu entsprechen.

Unter diesen Umständen entschloß sich die Staatsregierung trotz der, wie sie unumwunden und loyal in der Begründung zugab, „unzweifelhaft gegen die sogenannte Umsatzsteuer obwaltenden manigfachen Bedenken“ auf Grund Allerhöchster Ermächtigung vom 31. Januar 1900 dem Landtage einen Gesetzentwurf vorzulegen, der eine Sonderbesteuerung der größeren, mehrere Waarengattungen führenden Kleinhandelsbetriebe nach dem Maßstabe ihres Jahresumsatzes und mit nach diesem steigenden Sätzen vorschlug.

Mitbestimmend war für sie hierbei auch das Vorgehen einzelner anderer Bundesstaaten.

Die Königlich Sächsische Regierung hatte auf den Wunsch der Landesvertretung die Gemeinden darauf hingewiesen, daß sie nach Lage der dortigen Gesetzgebung zur Einführung wie von Sondersteuern für die großen Detailgeschäfte überhaupt, so auch von Umsatzsteuern befugt seien, allerdings aber auch betont, daß gerade der Umsatzsteuer gegenüber besondere Vorsicht geboten sei, und daß sie die Hand zu einer Besteuerung, welche eine direkte Gefährdung, wenn nicht Vernichtung der betreffenden Betriebe in Aussicht stelle, nicht bieten werde.

In Bayern aber hatte die Regierung bei der Steuerreform von 1899 ihren anfänglichen Widerspruch gegen die Besteuerung der Waarenhäuser und ähnlichen Betriebe nach dem Umsatze fallen lassen, und so erfolgt dort nach dem neuen Gewerbesteuergesetze vom 9. Juni 1899 die Bemessung der „Normalanlage“ für diese Betriebe auf $^{1}/_{2}$—3 Prozent des Umsatzes.

Die Preußische Regierung mußte deshalb besorgen, daß Großbetriebe der in Rede stehenden Art aus Bundesstaaten, in denen sie einer Umsatzsteuer unterliegen, nach Preußen übersiedeln und hierdurch die Lage der Kleinbetriebe weiter verschlechtern könnten.

Der Gesetzentwurf schlug die Einführung einer nach dem Umsatze von $1^{1}/_{2}$ bis auf 2 Prozent desselben, aber — von gewissen Unternehmungsformen abgesehen — nicht über 20 Proz. des gewerbesteuerpflichtigen Ertrages steigenden, den Gemeinden zufließenden Steuer für diejenigen Kleinhandelsbetriebe vor, welche mehr als eine weitgegriffene Waarengruppe führen und einen Jahresumsatz von mehr als 500000 M. erzielen. In der Begründung erklärte die Staatsregierung, wie sich aus den demnächstigen Verhandlungen ergab, auf Grund ausdrücklicher Beschlüsse des Staatsministeriums, in bündigster Form, daß mit diesen Vorschlägen auch die äußerste Grenze dessen erreicht sei, was sie als mit den Grundsätzen einer rationellen Steuerpolitik für vereinbar erachte, und daß deshalb für eine Verschärfung des Entwurfs in wesentlichen Punkten auf ihre Zustimmung nicht zu rechnen sein würde.

Es gelte dies in erster Linie sowohl von der Begrenzung des Kreises der Steuerpflichtigen als auch von der Höhe der Steuersätze.

„Was die Erstere anlangt," führen die Motive aus, „so haben sich bis vor kurzer Zeit die Wortführer der nach Sonderbesteuerung der großen Detailgeschäfte verlangenden Kleingewerbetreibenden übereinstimmend dagegen verwahrt, eine solche Sondersteuer für andere Geschäfte als die sogenannten Großbazare zu fordern, d. i. diejenigen großen Kleinhandelsbetriebe, welche mehrere mit einander nicht verwandte Waarengruppen, deren Feilhaltung in einem und demselben Geschäft bisher nicht üblich war, führen. Neuerdings freilich haben sich die Stimmen gemehrt, welche eine auf die großen, sich nur auf eine Waarengruppe beschränkenden Spezialgeschäfte ausgedehnte Umsatzsteuer fordern. Eine derartige Ausdehnung der Umsatzsteuer würde lediglich in der Größe des Betriebes ihre Begründung suchen können. Wäre aber einmal die Größe des Betriebes als hinreichender Grund für eine Sonderbesteuerung anerkannt, so würde es auf die Dauer nicht möglich sein, hiermit bei den Kleinhandelsbetrieben Halt zu machen. Es würde an stichhaltigen Gründen fehlen, was man den kleineren Handelstreibenden gewährt hätte, den kleineren Industriellen, Handwerkern, Bankiers, schließlich auch den kleinen Landwirthen zu versagen. Die Folge wäre das Verlangen nach gleichen Maßnahmen gegen die Großindustrie, die großen Banken und den großen Grundbesitz. Schon jetzt sind ja die kleineren Müller und Brauer mit der Forderung einer „gestaffelten Umsatzsteuer" für ihre großen Konkurrenten hervorgetreten. Es bedarf keiner weiteren Ausführung, daß unser Wirthschaftsleben eine solche Belastung des Großbetriebes nicht zu ertragen vermöchte.

Schon die durch Einführung einer Umsatzsteuer auf Spezialgeschäfte im Kleinhandel wachgerufene Besorgniß vor einer gleichen Maßnahme auf anderen Gebieten würde lähmend auf Handel und Verkehr wirken und die Konkurrenzfähigkeit auf dem Weltmarkt gefährden. Auch abgesehen von diesen Konsequenzen müßte die Umsatzsteuer in ihrer Anwendung auf Spezialgeschäfte auf diese geradezu unerträglich wirken. Wie schon oben erwähnt, ist es einer ihrer größten Mängel, daß sie die einzelnen Branchen verschieden trifft, je nachdem in der einen ein größerer, in der andern ein geringerer Prozentsatz des Umsatzes als Ertrag verbleibt. Beschränkt sich die Steuer auf die Geschäfte, die mehr als eine von genügend weit gegriffenen Waarengruppen führen, so tritt jener Mangel zurück, weil sich der als Nutzen verbleibende geringere Prozentsatz des Umsatzes in der einen Gruppe mit dem höheren in der anderen mehr oder weniger ausgleichen kann. Er trifft dagegen mit voller Wucht, wenn die Steuer auf Spezialgeschäfte erstreckt wird, und er kann dann die großen Geschäfte veranlassen, sich möglichst viele und namentlich die einen höheren Prozentsatz des Umsatzes als Nettonutzen abwerfenden Branchen beizulegen, führt also nur zu weiterer Schädigung der kleineren Betriebe.

Eine Ausdehnung der in dem gegenwärtigen Entwurf vorgeschlagenen Umsatzsteuer auf die Spezialgeschäfte ist daher zurückzuweisen.

Ebenso würde auf eine Erhöhung des Steuersatzes über die Vorschläge des Entwurfs nicht einzugehen sein. Eine Steuer von mehr als 2 Prozent des Umsatzes oder 20 Prozent des Ertrages würde mindestens gegenüber manchen Betrieben den Charakter einer unstatthaften Prohibitivsteuer annehmen können, und dagegen, eine solche zu wollen, haben sich bisher sowohl die Redner im Landtage als auch die Wortführer der Kleingewerbetreibenden nachdrücklich verwahrt. Insbesondere kann auch gegenüber einer bis 2 Prozent des Umsatzes steigenden Steuer ihre Beschränkung auf einen gewissen Prozentsatz des Ertrages nicht entbehrt werden, um nicht den steuerpflichtigen Betrieben die Führung solcher Branchen, an denen ein weniger hoher Prozentsatz des Umsatzes verdient wird, zur Unmöglichkeit zu machen und insoweit daher doch zu einer Prohibitivsteuer zu gelangen.

Wenn Bayern mit seiner Steuer bis zu 3 Prozent des Umsatzes geht und sie auf einen gewissen Prozentsatz des Ertrages nicht beschränkt, so ist dafür dort die Bemessung des Steuersatzes zwischen $^1/_2$ und 3 Prozent des Umsatzes ganz in das Ermessen der Veranlagungsorgane gestellt, eine Maßnahme, deren Nachahmung in Preußen nach den herkömmlichen Anschauungen und im Interesse eines Rechtsschutzes gegen Ueberbürdungen nicht angängig ist.

Wenn man den in den verschiedenen Branchen üblichen Nutzen am Umsatz berücksichtigt, über den freilich leider statistisches Material fehlt, so wird man zugeben müssen, daß die Grenze bei 2 Prozent des Umsatzes und 20 Prozent des Ertrages schon reichlich hoch gegriffen ist und eine weitere Erhöhung nicht verträgt. Probeveranlagungen wie auf Grund des früheren konnten allerdings nach dem gegenwärtigen Entwurf nicht veranlaßt werden, weil es zur Zeit an der Möglichkeit, den Umsatz zu ermitteln, gebricht. Aber nach den Ergebnissen der Gewerbesteuerveranlagung ist anzunehmen, daß sich auf Grund der vorgeschlagenen Bestimmungen für die größten Berliner Waarenhäuser nach ihrem derzeitigen Geschäftsumfange Steuersätze bis zu wenigstens 400000 Mark ergeben würden. Auch in Städten wie Breslau, Köln, Frankfurt a. M., Elberfeld, Essen würde nach den der Gewerbesteuerveranlagung zu Grunde gelegten Erträgen die Waarenhaussteuer bis zu circa 125000 Mark betragen."

Der Entwurf gelangte in den Sitzungen vom 26. und 27. Februar 1900 (Sten.B. S. 1882—2006) im Abgeordnetenhause zur ersten Lesung und wurde einer Kommission von 21 Mitgliedern überwiesen, die ihn in zwei, 8 Sitzungen füllenden Lesungen vorberieth und durch den Abg. Marx schriftlichen Bericht erstattete. (Drucks. des Abg.=H. Nr. 170.)

Sowohl im Plenum als auch in der Kommission des Abgeordnetenhauses wurden aus den beiden konservativen Parteien und dem Centrum Wünsche auf mehr oder weniger weitgehende Verschärfungen der Regierungsvorlage geäußert. Insbesondere verlangte man die Herabsetzung der Grenze der Steuerpflicht auf erheblich niedrigere Umsatzhöhen als 500000 Mk., die Ausdehnung auf nur eine Waarengruppe führende Geschäfte oder doch auf die gewerbesteuerfreien Konsum= und ähnlichen Vereine, die Progression der Steuersätze nach der Zahl der geführten Waarengruppen und über 2 % des Umsatzes hinaus, die Streichung der im § 5 enthaltenen Begrenzung der Steuer auf 20 % des Ertrages und eine Vermehrung der Waarengruppen, so daß jede derselben nur einen engeren Kreis von Waaren umfassen sollte. Die Regierungsvertreter traten in Uebereinstimmung mit der Erklärung der Motive allen Verschärfungsversuchen entschieden entgegen. Gleichwohl beschloß die Kommission in der ersten Lesung die Ausdehnung der Steuerpflicht auf Spezialgeschäfte, die drei oder mehr Betriebsstätten unterhalten, die Abstufung der unteren Grenze der Steuerpflicht nach der Einwohnerzahl der Gemeinden (Berlin, Gemeinden mit mehr als 100000, Gemeinden mit mehr als 20000—100000 und Gemeinden mit nicht mehr als 20000 Einwohner) auf 500000 Mk., 400000 Mk., 300000 Mk., und 200000 Mk. und die Streichung des § 5.

Bei der zweiten Lesung ließ die Kommission, da sie sich von den Unzuträglichkeiten überzeugt hatte, die eine Abstufung der Steuergrenze nach der Einwohnerzahl haben würde, diese fallen und setzte den Beginn der

Steuerpflicht allgemein auf mehr als 800000 statt mehr als 500000 Mk. fest.

Die Ausdehnung der Steuerpflicht auf Spezialgeschäfte mit mehreren Betriebsstätten wurde wieder fallen gelassen, nachdem sie die Regierung als für sie völlig unannehmbar bezeichnet hatte.

Die Gruppeneintheilung in § 6 wurde von der Kommission in erster Lesung nach der Regierungsvorlage angenommen, in der zweiten Lesung dagegen durch eine von der Regierung bekämpfte in 5 Gruppen, die namentlich die Gruppe B in zwei zerlegte und mehr als die Vorlage in der Aufzählung der Waaren ins Detail ging, ersetzt. Außerdem wurde in der zweiten Lesung ein dem Sinne nach dem gegenwärtigen Absatz 5 des § 6 entsprechender Antrag angenommen und der § 7 in die Vorlage eingefügt, dieser, weil sowohl einzelne Gegner des ganzen Gesetzes im Hause wie auch Waarenhausinhaber in Petitionen betont hatten, die Waarenhäuser würden sich durch äußerliche Zerlegung in Spezialgeschäfte mit Leichtigkeit der Steuer entziehen. Die übrigen Aenderungen waren unerheblicher Art. Das Gesetz im Ganzen wurde in der Kommission mit 11 gegen 5 Stimmen angenommen.

Bei der zweiten Lesung im Plenum des Abgeordnetenhauses am 18. und 19. Mai 1900 (Sten. B. S. 4422—4494 und 4504—4558) forderte die Regierung die Wiederherstellung ihrer Vorlage in den §§ 1, 2, 3, 5 und 6 Abs. 1. Das Haus entsprach diesem Verlangen aber nur bezüglich der Gruppeneintheilung in § 6, da es sich von der Unbrauchbarkeit der von der Kommission beschlossenen überzeugt zu haben schien; doch behielt man sich für die dritte Lesung den Versuch einer neuen Eintheilung in 5 Gruppen vor. Der § 5 wurde zwar wiederhergestellt, aber mit der Einschränkung, daß in allen Fällen, also auch bei völlig fehlendem Ertrage, mindestens die Hälfte der normalen Steuersätze zu entrichten sein sollte. Dagegen blieb es bei der Steuergrenze von 300000 Mk. Die Ausdehnung der Steuer auf Spezialgeschäfte mit Filialen wurde von Neuem beantragt, aber, nachdem sie die Regierung als unannehmbar bezeichnet, vom Hause abgelehnt.

Bei der dritten Lesung, die am 23. Mai 1900 stattfand (Sten. B. S. 4706—4732) erklärte der Finanzminister auf Grund eines Beschlusses des Staatsministeriums den Beschluß des Hauses, die Steuerpflicht schon bei 300000 Mk. Umsatz beginnen zu lassen, als für die Staatsregierung unannehmbar. Gleichwohl beharrte das Haus bei demselben. Gegen die Modifikation des § 5 erhob die Regierung keinen weiteren Widerspruch. Die Gruppeneintheilung blieb unverändert. Die Annahme des ganzen Gesetzes erfolgte mit großer Mehrheit.

In der (XI.) Kommission des Herrenhauses, an die der Entwurf nunmehr gelangte, und die ihn in zwei Sitzungen, am 8. und 9. Juni, berieth, wiederholte die Regierung ihr Verlangen, die Grenze von 500000 Mk. für die Steuerpflicht wiederherzustellen, und sie drang in erster Lesung hiermit auch durch, während in zweiter Lesung ein Vermittelungsantrag, die Steuerpflicht bei 400000 Mk. beginnen zu lassen mit Steuersätzen von 4000 Mark bei Umsätzen von 400000—450000 Mk. und 5125 Mark*) bei solchen von 450000—500000 Mk. zur Annahme gelangte. Außerdem fügte die Kommission mit 13 gegen 1 Stimme, um die segensreich wirkenden Waarenhäuser für Beamte u. s. w. vor der Unterdrückung durch die Waarenhaussteuer zu schützen, dem § 1 folgenden neuen Absatz hinzu:

„Die Minister der Finanzen, des Innern und für Handel und Gewerbe sind ermächtigt, für gemeinnützige Unternehmungen, welche unter Ausschluß eines

*) Infolge eines Rechenfehlers. Der Antragsteller beabsichtigte 5625 Mk.

die Verzinsung von vier vom Hundert des Anlage- und Betriebskapitals übersteigenden Gewinnes für die Unternehmer, den Kleinhandel ausschließlich auf den Kreis der gegen Zahlung eines einmaligen oder fortlaufenden Beitrages zur Kaufberechtigung zugelassenen Angehörigen einzelner bestimmter Berufe beschränken, Befreiung von der Waarenhaussteuer zu gewähren."

Die Vertreter der Regierung hatten diesen Antrag mit dem Hinweis darauf bekämpft, daß, wenn man auch den Beamten nicht, wie dies vielfach von den kleinen Gewerbetreibenden verlangt werde, die Möglichkeit zu möglichst wohlfeiler Befriedigung ihrer Bedürfnisse mehr als anderen Staatsbürgern einschränken dürfe, man ihnen doch auch nicht in dieser Beziehung ein Privileg vor andern Konsumenten einräumen könne. Im § 6 wurde die im andern Hause als zu groß angefochtene Gruppe B sogar noch erweitert, indem ihr statt „Bettstellen" und „Polstermöbel" „Möbel jeder Art" zugewiesen wurden. In Gruppe D wurden mit Zustimmung der Regierung die „Kurzwaaren" wegen der über diesen Begriff in gewerblichen Kreisen divergirenden Ansichten gestrichen. Abgesehen von der unwesentlichen Einschaltung der Worte „mit mindestens 14tägiger Frist" im § 10 wurde nur noch eine Aenderung in Gestalt der Hinzufügung des 2. Absatzes des § 15 beliebt; man beabsichtigte mit derselben, den bestehenden Waarenhäusern eine Frist zu gewähren, sich eventuell in Spezialgeschäfte umzuwandeln, ohne zu Ramschausverkäufen, von denen man eine neue Schädigung der kleineren Betriebe befürchtete, schreiten zu müssen.

Im Plenum des Herrenhauses gelangte der Entwurf am 12. und 13. Juni 1900 (Sten. B. S. 227—248 und 250—272) zur Berathung und wurde, abgesehen von einer unwesentlichen, von der Regierung gewünschten Aenderung einer Tarifposition (bei 450000—500000 Mk.

5500 statt 5625 Mk. Steuer) nach den Kommissionsbeschlüssen angenommen.

Der Entwurf mußte also wegen der beschlossenen Abänderungen an das Abgeordnetenhaus zurückgehen, wo er am 15. und 18. Juni berathen wurde. (Sten. B. S. 5164—5203, 5205—5212 und 5294—5308). Die von dem Herrenhause dem § 1 hinzugefügte Ausnahmebestimmung zu Gunsten der „gemeinnützigen" Waarenhäuser für bestimmte Berufe wurde hier einstimmig abgelehnt, während im Uebrigen die Beschlüsse des Herrenhauses Annahme fanden. Das Letztere trat hierauf in der Sitzung vom 18. Juni den Beschlüssen des andern Hauses bei.

Die Allerhöchste Vollziehung des Gesetzes erfolgte am 18. Juli 1900, die Veröffentlichung in der am 4. August 1900 ausgegebenen Nummer 82 der Gesetz-Sammlung.

Gesetz,

betreffend

die Waarenhaussteuer.

Vom 18. Juli 1900.

(Gesetz=Samml. S. 294.)

Wir Wilhelm, von Gottes Gnaden König von Preußen 2c.

verordnen unter Zustimmung der beiden Häuser des Landtags der Monarchie, für den Umfang derselben, mit Ausschluß der Hohenzollernschen Lande und der Insel Helgoland,[1]) was folgt:

[1]) Auf der Insel Helgoland ist die Preußische Staats= und Kommunalbesteuerung noch nicht eingeführt In den Hohenzollernschen Landen sollen zwar das Einkommen=, das Ergänzungssteuergesetz und das Kommunalabgabengesetz nach dem Gesetze v. 2 Juli 1900 (G.S. S 252) und der Hohenzollernschen Gemeindeordnung v. 2. Juli 1900 am 1. April 1901 in Kraft treten. Dagegen wird die in der Monarchie bestehende Gewerbesteuer nach dem Ges. v. 24. Juni 1891 dort nicht eingeführt. Das Waarenhaussteuergesetz fußt aber, wie sich aus den Bestimmungen in § 1 Abs. 4, § 5, § 7 Abs. 2, §§ 8—10, 13 und 14 ergiebt, auf dem Gewerbesteuergesetz v. 24. Juni 1891, und hätte deshalb für die Hohenzollernschen Lande eine vollständig andere Gestalt erhalten müssen. Bei den Verhältnissen dieses Landestheils ist aber in absehbarer Zeit ein Bedürfniß für ein Waarenhaussteuergesetz nicht zu erwarten, ganz abgesehen davon, daß dort mit einem solchen nach Lage der geographischen Verhältnisse nur im Einklang mit den Maßnahmen Württembergs und Badens vorgegangen werden könnte, man dort aber vorläufig einem

Vorgehen nach Preußischem Muster noch nicht geneigt zu sein scheint.

§. 1.

Wer das stehende Gewerbe des Klein- (Detail-) Handels mit mehr als einer der im §. 6 dieses Gesetzes unterschiedenen Waarengruppen betreibt,[1][2] unterliegt, wenn der Jahresumsatz[3] in diesen Gruppen[4] — einschließlich desjenigen der in Preußen belegenen Zweigniederlassungen, Filialen, Verkaufsstätten[5] — 400000 Mark übersteigt, der nach Vorschrift dieses Gesetzes zu entrichtenden, den Gemeinden zufließenden[6][7] Waarenhaussteuer.[8]

Ob der Kleinhandel im offenen Laden, Waarenhaus, Lager und dergleichen oder als Versandtgeschäft, auf oder ohne vorgängige Bestellung betrieben wird, macht für die Besteuerung keinen Unterschied.[9]

Erstreckt sich der Kleinhandelsbetrieb über mehrere Orte,[10] so tritt die Steuerpflicht nur insoweit ein, als seine Verkaufsstätten[11] in einem und demselben Orte[10] oder unmittelbar benachbarten[12] Orten mehr als eine der im §. 6 unterschiedenen Waarengruppen führen.[13]

Vereine, eingetragene Genossenschaften und Korporationen, welche nach §. 5 des Gewerbesteuergesetzes vom 24. Juni 1891 der Gewerbesteuer nicht unterworfen sind, unterliegen auch der Waarenhaussteuer nicht.[14] Dasselbe gilt von den auf Grund des §. 3 des gedachten Gesetzes beziehungsweise §. 28 des Kommunalabgaben gesetzes vom 14. Juli 1893 von der Gewerbesteuer befreiten Betrieben.[15][16]

[1]) Das Gesetz definirt den Begriff des „stehenden Gewerbes“ ebensowenig, wie das Gewerbesteuergesetz. Ebensowenig geschieht dies hinsichtlich des Begriffes „Kleinhandel“; die Begründung bemerkt in dieser Beziehung (S. 19): „Eine Begriffsbestimmung des Kleinhandels in das Gesetz aufzunehmen, erscheint ebensowenig geboten, wie beispielsweise das Gewerbesteuergesetz den Begriff des Gewerbes definirt. Das in Paranthese beigefügte Wort „Detail“ läßt erkennen, daß die beiden Begriffe „Kleinhandel“ und „Detailhandel“ nach der Absicht des Gesetzes identisch sein sollen.

Klein- oder Detailhandel in diesem Sinne ist jeder Waarenverkauf unmittelbar an die Konsumenten im weiteren Sinne, d. h diejenigen, welche die gekauften Verbrauchsgegenstände selbst verbraucheu, die gekauften Gebrauchsgegenände selbst gebrauchen wollen, im Gegensatz zum Engros-Handel, der an Wiederverkäufer verkauft. Auf die im Einzelnen verkaufte Menge kommt es nicht an; anders der „Kleinhandel“ mit Branntwein oder Spiritus im Sinne des § 59 des Gewerbesteuergesetzes und des § 33 der Reichs-Gewerbeordnung (vgl. Falkmann u. Strutz Preuß. Gewerbesteuergesetzgebung 3. Aufl. Anm. 5 auf S. 137).

Hiernach und nach der Definition des Gewerbes in der Rechtsprechung des O.V.G (vgl. Entscheidungen desselben Bd. XVII, S. 252, XVI, 87, Entsch. i. St.St.S. I, 395) unterhält einen — die noch zu erörternde Höhe des Umsatzes vorausgesetzt — nach diesem Gesetze steuerpflichtigen Betrieb, wer mit der Absicht auf Gewinnerzielung selbstständig berufsmäßig in einer eine Betheiligung an allgemeinen wirthschaftlichen Verkehr darstellenden Weise Waaren, welche mehr als einer der im § 6 unterschiedenen Gruppen angehören, gleichviel in welchen Mengen im Einzelnen, unmittelbar an die Ver- oder Gebraucher der Waaren verkauft oder, was dem gleichsteht, vertauscht, sofern sich sein Betrieb nicht als ein Gewerbebetrieb im Umherziehen im Sinne des Gesetzes v. 3. Juli 1876 (G.S. S. 247) darstellt. Vgl. Falkmann u. Strutz a. a. O. S. 340 ff. Voraussetzungen des Gewerbebetriebs im Umherziehen sind Ausübung eines Gewerbes 1. außerhalb des Gemeindebezirks, des Wohnorts oder der durch besondere Anordnung der höheren Verwaltungsbehörde ihm gleichgestellten Umgebung, 2. ohne Begründung einer gewerblichen Niederlassung, 3. ohne vorgängige Bestellung. Fehlt eine dieser Bedingungen, es liegt aber ein Gewerbebetrieb vor, so ist dieser ein stehender. Wanderlager (Ges. v. 27. Febr. 1880 — G.S. S. 174) gehören „regelmäßig“ zum Gewerbebetrieb im Umherziehen, jedenfalls nicht zum stehenden Gewerbe, unterliegen daher nicht der Waarenhaussteuer. Irrelevant ist nach § 1 Abs. 2 ob der Verkauf auf oder ohne vorgängige Bestellung erfolgt, ferner — trotz des Namens der Steuer —, ob ein Waarenhaus im eigentlichen Sinne vorhanden ist, d. i ein offener Laden, in dem die Waaren zum Verkaufe ausgestellt sind: die Steuerpflicht tritt auch ein, wenn der Verkauf direkt von einem Lager erfolgt, wenn die Waare ohne vorgängige Besichtigung durch den Käufer diesem zugesandt wird, auch wenn der Unternehmer überhaupt kein Lager hält, sondern erst, nachdem er die Bestellung erhalten hat, die Waare seinerseits ankauft, um sie an seinen Besteller zu veräußern. Es macht ferner keinen Unterschied, ob der Unternehmer Eigenthümer der zum Verkauf gestellten Waaren ist oder sie nur kommissionsweise verkauft, sofern er nur als Verkäufer, rechtlich als selbstständiger Kontrahent erscheint. Wenn dagegen beispielsweise mehrere Fabrikanten, Handwerker oder Kaufleute verschiedener Branchen, denselben Dritten, aber jeder für sich, beauftragen, Waaren verschiedener Gruppen, von denen aber jeder Einzelne nur solche einer Gruppe liefert, in ihrem Namen und für ihre Rechnung zu verkaufen, so unterhält dieser Dritte keinen Waarenhausbetrieb im Sinne dieses Gesetzes, und ebenso wenig thun es seine Auftraggeber. Anders, wenn die Einzelnen sich zu einer Gesellschaft oder dergleichen zusammenschließen, die die von den Mitgliedern hergestellten Waaren auf Rechnung der Gesellschaft verkauft und den erzielten Erlös an die Mitglieder vertheilt.

[2]) Selbstredend werden nur die im Kleinhandel geführten Waarengruppen gezählt.

[3]) Jahresumsatz ist der gesammte in einem Geschäftsjahr (vgl. Anm. 3 zu § 4) für die im Kleinhandel veräußerten Waaren erzielte Erlös, also die baare Einnahme zuzüglich der Außenstände für die in dem betreffenden Jahre verkauften Waaren und abzüglich der Eingänge von Außenständen aus früheren Zeitabschnitten. Begr. S. 20 f., A.H. Komm.B. S. 24. Auch ein Abzug von dem Umsatz für uneinziehbare oder unsichere Außenstände kann nicht beansprucht werden Denn es handelt sich hier nicht darum, die Bruttoeinnahme als solche zu besteuern, sondern den in dem Verkaufswerth der abgesetzten Waaren sich dokumentirenden Umfang des Geschäftes, und für diesen ist es gleichgültig, ob der Kaufpreis eingeht oder nicht. Andererseits werden deßhalb aber auch Vorzugszinsen für Ausstände dem Umsatz nicht hinzuzurechnen sein, ebenso wenig ein nachweislich als solcher vereinbarter Zuschlag zum Verkaufspreise, der mit Rücksicht darauf gemacht wird, daß der letztere erst zu einem spätern Zeitpunkt gezahlt wird.

Daß nur der im Kleinhandel erzielte Umsatz in Betracht kommt, ergiebt sich aus der Fassung des Gesetzes und der Begründung, wurde aber ausdrücklich vom Finanzminister im Herrenhause konstatirt. H.H. Sten. B. S. 247.

[4]) Die Worte „in diesen Gruppen" sind vom Abg.H. hinzugefügt, um klar zu stellen, was auch die Regierung als ihre Absicht bezeichnete, daß Umsätze, die in Waaren erzielt werden, welche unter keiner der im § 6 unterschiedenen Gruppen fallen, für die Steuerpflicht und Steuerhöhe nicht in Betracht kommen. A.H. Sten.B. S. 4718 Wenn beispielsweise eine Kunst- und Handelsgärtnerei 500 000 Mk. Umsatz in Blumen, Sämereien und Pflanzen, 50 000 Mk. in künstlichen Blumen und 60 000 Mk. in Jardinièren, Zimmer-

dekorationen und Gartengeräthschaften erzielt, so zählen nur diese 50000 und 60000 Mk.; der Betrieb ist also nicht steuerpflichtig.

[5]) Nach § 17 Gew.St.G. werden mehrere Betriebe derselben Person als **ein** steuerpflichtiges Gewerbe zur Steuer veranlagt. Dieser Grundsatz gilt nach dem Zwischensatz „einschließlich u. s. w." und der ausdrücklichen Erwähnung des § 17 a. a. O. im § 13 des gegenwärtigen Gesetzes auch für die Waarenhaussteuer. Aus ihm folgt, daß nicht nur die Umsätze, sondern auch die Waarengruppen mehrerer Kleinhandelsbetriebe oder -Betriebsstätten derselben Person zusammenzurechnen sind, also beispielsweise Steuerpflicht vorliegt, wenn Jemand in einer Betriebsstätte die Gruppe A, in der andern die Gruppe B führt und der Umsatz beider Betriebsstätten 400000 Mk. übersteigt. (Vgl. auch die Erklärung des Regierungsvertreters Sten.B. des H.H. S. 267).

Von dieser Regel werden drei Ausnahmen gemacht. Einmal bleibt wie bei der Gewerbesteuer jeder außerpreußische, sei es in andern deutschen Bundesstaaten, sei es im Reichsauslande sich vollziehende, Betrieb außer Betracht, sowohl was den Umsatz als auch was die Waarengruppen anlangt. Sodann ist durch die im Abg.H. (Sten.B. S. 4717 f.) mit Zustimmung der Regierung eingefügte Bestimmung im Abs. 3 des § 1 angeordnet, daß eine Zusammenrechnung der in verschiedenen Verkaufsstätten geführten Waarengruppen nur stattfindet, soweit die Verkaufsstätten sich an demselben oder an unmittelbar benachbarten Orten befinden. Betreibt also z. B. Jemand in Köln ein Manufakturwaaren-, in Stettin ein Kolonial- und in Breslau ein Juweliergeschäft, so ist er doch nicht steuerpflichtig; wohl aber ist er es, wenn zwei dieser Geschäfte in Berlin oder eins in Berlin, ein anderes in Charlottenburg, das dritte in Stettin betrieben werden. Endlich wird ein nach § 7 steuerpflichtiger Betrieb stets mit den nach diesem § mit ihm steuerpflichtigen, nicht mit anderen etwa nach § 1 steuerpflichtigen Betrieben desselben Unternehmers veranlagt.

[6]) Die Steuer charakterisirt sich also als eine kraft Staatsgesetzes ohne Rücksicht auf das finanzielle Bedürfniß der Gemeinden in allen Gemeinden des Staats — außer auf Helgoland und in den Hohenzollernschen Landen — zu erhebende, vom Staate veranlagte Kommunalsteuer, wie es die von den Gemeinden erhobenen Prozente der staatlich veranlagten Grund-, Gebäude- und Gewerbesteuer sind. Von diesen Prozenten unterscheidet sie sich aber dadurch, daß sie erhoben wird ohne Rücksicht auf das finanzielle Bedürfniß der Gemeinden und in gesetzlich festgestellter Höhe, daß deßhalb eine Mitwirkung der Gemeinde bei der Steuerfestsetzung und daher auch die Duplizität der Rechtsmittel, wie sie bei jenen besteht — Rechtsmittel gegen die staatliche Veranlagung und gegen die Steuerfestsetzung der Gemeinde — entfällt. Vgl. § 14 und die Anmerkungen zu demselben.

[7]) Aus Gutsbezirken fließt die Steuer den Kreisen zu. Vgl. § 14 Abs. 2 und 4.

[8]) Die Bezeichnung „**Waarenhaussteuer**" ist insofern nicht ganz präzise, als der Steuer nicht nur Waarenhäuser, mit denen man den

Begriff des offenen Ladens verbindet, sondern auch nach Abs. 2 Versandtgeschäfte und andere Kleinhandelbetriebe ohne offenen Laden unterliegen.

[9]) Vgl. oben Anm. 1.

[10]) „Orte" d. s. Gemeinden und Gutsbezirke; entscheidend ist die kommunale Selbstständigkeit.

[11]) Gleichviel, ob die Verkaufsstätten offene Läden sind oder nicht.

[12]) „Unmittelbar benachbarte Orte" sind nur solche, deren Gemarkungen aneinander grenzen. Daß der Betrieb in solchen demjenigen an einem und demselben Orte gleichgestellt wird, beruht auf Berücksichtigung der Verhältnisse zwischen großen Städten und ihren Vororten; hier kommt es vor, daß selbst Theile desselben Straßenzuges zu verschiedenen Gemeinden gehören.

[13]) Der dritte Absatz beruht auf einem Beschlusse des Abgeordnetenhauses zufolge eines von der Regierung gebilligten Antrages und trägt dem Charakter der Steuer als einer kommunalen Rechnung, dem es entspricht, daß nur Betriebe besteuert werden, die sich lokal als Kleinhandel mit mehreren Waarengruppen darstellen. Darauf, ob die mehreren Gruppen in derselben Verkaufsstätte oder jede Gruppe in einer besondern, räumlich getrennten verkauft werden, kommt es nicht an, sofern nur die Verkaufsstätten in demselben oder unmittelbar benachbarten Orten belegen sind. Vgl. oben Anm. 5.

[14]) § 5 des Gewerbesteuergesetzes lautet:

„Der Gewerbesteuer sind ferner nicht unterworfen: Vereine, eingetragene Genossenschaften und Korporationen, welche nur die eigenen Bedürfnisse ihrer Mitglieder an Geld, Lebensmitteln und anderen Gegenständen zu beschaffen bezwecken, wenn sie satzungsgemäß und thatsächlich ihren Verkehr auf ihre Mitglieder beschränken und keinen Gewinn unter die Mitglieder vertheilen, auch eine Vertheilung des aus dem Gewinne angesammelten Vermögens unter die Mitglieder für den Fall der Auflösung ausschließen.

Konsumvereine mit offenem Laden unterliegen der Besteuerung; ebenso unter derselben Voraussetzung Konsumanstalten, welche von gewerblichen Unternehmern im Nebenbetriebe unterhalten werden.

Molkereigenossenschaften, Winzervereine und andere Vereinigungen zur Bearbeitung und Verwerthung der selbstgewonnenen Erzeugnisse der Theilnehmer unterliegen der Gewerbesteuer nur unter denselben Voraussetzungen, unter welchen auch der gleiche Geschäftsbetrieb des einzelnen Mitgliedes hinsichtlich seiner selbstgewonnenen Erzeugnisse der Gewerbesteuer unterworfen ist."

Vgl. hierzu die Erläuterungen bei Falkmann und Strutz a. a. O. S. 70—75.

Es handelt sich bei den im ersten Absatz des § 5 des Gewerbesteuergesetzes bezeichneten Unternehmungen nicht sowohl um die ausnahmsweise Befreiung von Gewerbebetrieben von der Steuer, als vielmehr um die Konstatirung, daß jene Unternehmungen für gewerbliche im Sinne des Gesetzes nicht zu erachten sind. Schon deshalb wäre es ein Widersinn gewesen, sie zur Waarenhaussteuer heranzuziehen, und man würde sie, selbst wenn der letzte Absatz im § 1 fehlte, zur Steuer nicht heranziehen können. Vgl. Begr. S. 20 ff. Auf das „Waarenhaus für deutsche Beamte" findet der letzte Absatz des § 1 dieses Gesetzes und der § 5 des Gewerbesteuergesetzes keine Anwendung, weil Unternehmer nicht der Verein der Kaufberechtigten, sondern eine von diesem verschiedene Aktiengesellschaft ist.

Schließen sich Handwerker, welche Waaren mehr als einer der im § 6 bezeichneten Gruppen herstellen, zu einer Verkaufsgenossenschaft zusammen, dergestalt, daß der Verkauf auf Rechnung der Genossenschaft erfolgt, so würde diese bei mehr als 400 000 Mk. Umsatz im Kleinhandel der Waarenhaussteuer unterliegen. Denn Abs. 1 des § 5 Gew.St.G. findet keine Anwendung, weil es sich um keine Vereinigung zur „Beschaffung" der eigenen Bedürfnisse der Mitglieder an „Geld, Lebensmitteln und andern Gegenständen" handelt. Nach Abs. 3 a. a. O. aber kann Steuerfreiheit nicht eintreten, weil auch der Verkauf der Waaren Seitens des einzelnen Mitgliedes gewerbesteuerpflichtig sein würde. Dagegen liegt kein Waarenhausbetrieb vor, wenn z. B. der Verkauf in einem von der Vereinigung hergestellten Kaufhause, aber auf Rechnung der einzelnen Mitglieder oder durch einen gemeinsamen Verkäufer, der rechtlich lediglich Angestellter, Beauftragter, der einzelnen Mitglieder ist, erfolgt. Vgl. oben Anm. 1.

Für Konsumvereine hat die Waarenhaussteuer deßhalb wenig Bedeutung, weil sie meist nur Waaren einer Gruppe führen.

Es kann Zweifel erregen, ob ein Waarenhausbetrieb vorliegt, wenn ein gewerblicher Unternehmer im Hauptbetriebe den Kleinhandel mit Waaren einer Gruppe betreibt, daneben aber für seine Angestellten eine Konsumanstalt mit offenem Laden unterhält, welche Waaren einer andern Gruppe feilhält, wenn z. B. ein Fahrräder-, Nähmaschinen- oder Pianofortefabrikant eine solche Konsumanstalt zur Versorgung seiner Arbeiter mit Lebensmitteln betreibt. Die Frage ist aber m. E. zu verneinen, weil eine einheitliche Besteuerung mehrerer in einer Hand befindlicher Betriebe, also auch die Zusammenrechnung der in diesen geführten Waarengruppen — abgesehen von dem § 7 —, nur insoweit stattfinden soll, als sie auch bei der Gewerbesteuer vorgeschrieben ist, für diese aber der vorliegende Fall im § 17 Gew.St.G., der nach § 13 des W.St.G. auf die Waarenhaussteuer Anwendung findet, ausdrücklich von der Regel der einheitlichen Besteuerung ausgenommen ist.

15) § 3 Gew.St.G. bestimmt in der Gestalt, die er durch § 28 K.A.G. erhalten hat:

„Von der Gewerbesteuer sind befreit:

1. das Deutsche Reich;
2. die landschaftlichen Kreditverbände, sowie die öffentlichen Versicherungsanstalten;
3. die Kommunalverbände wegen folgender von ihnen betriebenen gewerblichen Unternehmungen:

a) der zu gemeinnützigen Zwecken dienenden Geld- und Kreditanstalten, als Sparkassen, Landeskreditkassen, Landeskultur-Rentenbanken, Bezirks- und Provinzial-Hülfs- und Darlehnskassen u. s. w.;
b) der Kanalisations- und Wasserwerke, letzterer jedoch nur, soweit sich der Betrieb auf den Bezirk der unternehmenden Gemeinde beschränkt;
c) der Schlachthäuser und Viehhöfe;
d) der Markthallen;
e) der Volksbäder;
f) der Anstalten zur Beleihung von Pfandstücken.

Der Finanzminister ist ermächtigt, auch für andere im öffentlichen Interesse unternommene gewerbliche Betriebe der Kommunalverbände Steuerfreiheit zu gewähren. So lange solche Betriebe ertraglos sind, muß auf Antrag vom Finanzminister die Steuerfreiheit gewährt werden.

Der Finanzminister ist ermächtigt, vorstehende Bestimmungen auch auf Unternehmungen anderer Korporationen, Vereine und Personen, welche nur wohlthätige oder gemeinnützige Zwecke unter Ausschluß eines Gewinnes für die Unternehmer verfolgen (z. B. öffentliche Volksküchen, Kaffeeschänken, Volksbibliotheken und dergleichen), zu erstrecken, und finden dieselben zugleich in Betreff der Betriebssteuer (§§ 59 ff.) Anwendung."

Für die Waarenhaussteuer in Betracht kommen können namentlich die Bestimmungen unter Abs. 1 Nr. 1 und im letzten Absatz; denn beim Markthallenbetrieb wird der Kleinhandel nicht von dem Kommunalverband, sondern von den einzelnen Händlern, die in der Markthalle Stände gemiethet haben, betrieben. Nach Abs. 1 Nr. 1 würde das Deutsche Reich der Waarenhaussteuer nicht unterworfen werden können, wenn es z. B. für die Beamten und Arbeiter seiner Betriebe mehrere Waarengruppen führende Konsumanstalten mit offenem Laden unterhält. Hieran kann die Preußische Gesetzgebung nichts ändern, da das Reich der Finanzhoheit der Einzelstaaten nicht unterliegt. Nach dem letzten Absatz des § 3 a. a. O. aber könnte in Frage kommen, ob auf Grund dieser Bestimmung z. B. die Waarenhäuser für Offiziere und Beamte, wenn sie einen Gewinn für die Unternehmer ausschließen würden, von der Gewerbe- und Waarenhaussteuer befreit werden könnten. Indeß zeigen die Beispiele „öffentliche Volksküchen" u. s. w., daß das Gesetz an derartige Unternehmungen nicht denkt. Es ist ferner bisher daran festgehalten worden, von dem § 3 Abs. 3 Gew.St.G. nicht Gebrauch zu machen zu Gunsten von Unternehmungen, die anderen Gewerbetreibenden Konkurrenz machen, und beispielsweise u. a. aus diesem Grunde den „christlichen Hospizen" Gewerbesteuerfreiheit versagt worden. Es ist auch mindestens zweifelhaft, ob derartige nur dem Interesse der Angehörigen eines bestimmten Berufes dienende Unternehmungen als „gemeinnützige" betrachtet werden können (vgl. auch die Ausführungen des Finanzministers Sten.B. des A.H. S. 175). Endlich würde die Anwendung des § 3 Abs. 3 Gew.St.G. auf sie, um ihnen Befreiung von der Waarenhaussteuer zu verschaffen, im Widerspruch stehen in der Absicht des Gesetzgebers, der die Aufnahme einer ihre Befreiung ermöglichenden Bestimmung in das vorliegende Gesetz ausdrücklich abgelehnt hat. Vgl. Einl. S. 23 f.

16) Nach dem Wortlaut des § 1 Abs. 4 W.St.G. braucht in den Fällen des § 3 Abs. 3 Gew.St.G. die Befreiung von der Waarenhaussteuer nicht ausdrücklich ausgesprochen zu werden: sie folgt ipso jure aus der Gewährung der Gewerbesteuerfreiheit. Andererseits ergiebt der Wortlaut, daß auch nicht Befreiung von der Waarenhaussteuer ohne solche von der Gewerbesteuer bewilligt werden kann.

Ebenso ist die Veranlagungsbehörde bei der Waarenhaussteuer an die auf Grund des § 5 Gew.G. bei der Gewerbesteuerveranlagung getroffene Entscheidung gebunden.

§. 2.

Die Waarenhaussteuer beträgt vorbehaltlich der Bestimmung im §. 5 1) bei einem Jahresumsatze 2) von

mehr als		bis		Steuersatz	
400 000	Mark	450 000	Mark	4 000	Mark
450 000	"	500 000	"	5 500	"
500 000	"	550 000	"	7 500	"
550 000	"	600 000	"	8 500	"
600 000	"	650 000	"	9 500	"
650 000	"	700 000	"	10 500	"
700 000	"	750 000	"	11 500	"
750 000	"	800 000	"	12 500	"
800 000	"	850 000	"	13 500	"
850 000	"	900 000	"	15 000	"
900 000	"	950 000	"	16 500	"
950 000	"	1 000 000	"	18 000	"
1 000 000	"	1 100 000	"	20 000	"
1 100 000	"	1 200 000	"	22 000	"

und so fort für jede 100 000 Mark mehr 2 000 Mark Steuer mehr. 3) 4)

1) Und § 15 Abs. 2.

2) D. h. der im Kleinhandel mit Waaren, welche unter die im § 6 unterschiedenen Gruppen fallen, erzielte Jahresumsatz. Vgl. § 1 Anm. 2 bis 4 und § 4.

³) Die Steuer beträgt also bei Umsätzen von 400 000—450 000 Mk. 1 %, 450 000—500 000 Mk. nicht ganz 1¼ %, 500 000—550 000 Mk. 1½ % des Höchstbetrages des noch in die vorangehende Steuerstufe fallenden bezw. des nach § 1 Abs. 1 steuerfrei bleibenden Umsatzes und steigt allmählich auf 2 % des erstern Betrages, die sie bei einem Umsatze von mehr als 1 000 000—1 100 000 Mk. erreicht, ist also degressiv. Die Steuersätze für die Umsätze von 500 000 Mk. aufwärts entsprechen der Regierungsvorlage, in deren Begründung bemerkt ist, man wolle durch die „sehr beschränkte" Progression — oder eben richtiger Degression — „auch den Schein einer prohibitiven Tendenz" vermeiden. Für die Umsätze unter 500 000 Mk. hatte das A.H. ebenfalls eine Steuer von 1½ % vorgeschlagen. Das H.H. ermäßigte diese Sätze, weil es diese kleineren Geschäfte für weniger leistungsfähig, es auch für konsequenter hielt, die Degression bis zur untersten Stufe fortzusetzen, endlich auch um der Regierung entgegenzukommen, die ja die Geschäfte mit nicht mehr als 500 000 Mk. überhaupt nicht besteuert wissen wollte. Daher, und da man andererseits das Zustandekommen des Gesetzes durch Aenderungen der von der Regierung vorgeschlagenen, vom A.H. acceptirten Skala für die Umsätze über 500 000 Mk. nicht gefährden wollte, erklärt sich die in den beiden ersten Stufen so viel stärkere Degression.

⁴) Also immer 2 % des Höchstbetrages der vorangehenden Stufe, z. B. bei einem Umsatze von mehr als 14 500 000 Mk. bis 14 600 000 Mk. 290 000 Mk. Steuer.

§. 3.[1])

Unterhält ein Unternehmen der in §. 1 bezeichneten Art,[2]) welches seinen Sitz außerhalb Preußens hat, in Preußen eine oder mehrere Verkaufsstätten (Zweigniederlassungen, Filialen u. s. w.), so unterliegt jede dieser Verkaufsstätten ohne Rücksicht auf die Höhe des Umsatzes einer Waarenhaussteuer von zwei vom Hundert ihres Jahresumsatzes.[3])

Der geringste Steuersatz beträgt 200 Mark bei einem jährlichen Umsatze[3]) von 10 000 Mark oder weniger. Die Steuersätze steigen um je 200 Mark für je 10 000 Mark[4]) des Jahresumsatzes.[3])

Die Heranziehung nach Abs. 1 und 2 unterbleibt, wenn der Unternehmer vor eingetretener Rechtskraft der

Veranlagung[5]) nachweist, daß der Gesammtumsatz des ganzen Unternehmens[6]) 400000 Mark nicht übersteigt. Ingleichen sind, wenn der Gesammtumsatz[6]) mehr als 400000 Mark, aber nachgewiesenermaßen nicht mehr als 1000000 Mark beträgt, die inländischen Verkaufsstätten nur mit dem ihrem Antheil an dem Gesammtumsatz[6]) entsprechenden, auf die nächste durch 10 theilbare Zahl von Mark abzurundenden Theilbetrage desjenigen Steuersatzes zu veranlagen, welcher nach §. 2 auf das Gesammtunternehmen zu veranlagen sein würde, wenn sich seine sämmtlichen Betriebsstätten in Preußen befänden.[7]) [8])

[1]) Die Begründung bemerkt zum § 1:

„Unterhält derselbe Unternehmer mehrere Zweigniederlassungen, Filialen und Verkaufsstätten, so soll nach § 1, sofern diese sämmtlich in Preußen gelegen sind, für Steuerpflicht und Steuerhöhe der Gesammtumsatz bestimmend sein. Befindet sich der Sitz eines Unternehmens, das in Preußen Filialen u. s. w. unterhält, außerhalb Preußens, so kann diesseits nur der von den Preußischen Filialen erzielte Umsatz besteuert werden. Es würde aber eine Benachtheiligung der inländischen Unternehmer bedeuten, wollte man der Entscheidung darüber, ob die Steuerpflicht jener ausländischen Betriebe in Preußen begründet sei, und mit welchem Prozentsatz der progressiven Skala dieselben zu belegen seien, nur den in Preußen erzielten Umsatz zu Grunde legen. Denn thatsächlich würde damit der Grundsatz der einheitlichen Besteuerung aller in derselben Hand befindlichen Kleinhandelsbetriebe zu Gunsten der außerhalb ihren Sitz habenden durchbrochen. Andererseits fehlt es der diesseitigen Steuerbehörde mindestens in sehr vielen Fällen an der Möglichkeit und den Machtmitteln, den Umsatz außerhalb des Staatsgebiets betriebener Gewerbe festzustellen. Daher ist im Allgemeinen auch eine derartige Regelung unausführbar, daß Steuerpflicht und als Steuer zu entrichtender Prozentsatz nach dem ermittelten Gesammtumsatz eines sich über Preußen und andere Staaten erstreckenden Unternehmens bestimmt werden.

Es bleibt somit nur übrig, den Umsatz der inländischen Filialen eines ausländischen Unternehmens für sich zu ermitteln, für die Frage der Steuerpflicht aber von der übrigens auch wohl meist zutreffenden Annahme auszugehen, daß der Umsatz des Gesammtunternehmens die steuerpflichtige Höhe erreicht. Aus demselben Grunde kann der Steuerbemessung der Filialen auswärtiger Unternehmer nur der höchste für inländische zur Anwendung kommende Steuersatz, also 2% des Umsatzes, zu Grunde gelegt werden.

Um aber jede Benachtheiligung der auswärtigen Betriebe im Verhältniß zu den inländischen zu vermeiden, wird den Inhabern solcher auswärtiger Betriebe, deren Gesammtumsatz den nach § 2 die Steuerpflicht oder eine Steuer in Höhe von 2% bedingenden Betrag nicht erreicht, durch Absatz 3 die Möglichkeit eröffnet, ihren inländischen Verkaufsstätten die gleiche steuerliche Behandlung wie den in Preußen ihren Sitz habenden Unternehmungen zu sichern. Sie haben hierzu nur nöthig, vor eingetretener Rechtskraft der Veranlagung den Nachweis zu erbringen, daß der gesammte Umsatz ihrer preußischen und außerpreußischen Betriebsstätten 500000 nicht übersteigt bezw. welche zwischen 500000 und 1000000 Mark liegende Höhe er erreicht."

Die im A.H. geäußerten Bedenken, ob eine derartige differenzielle Behandlung mit Rücksicht auf Art. 3 der Reichsverfassung und auf die Handelsverträge zulässig sei, wurden regierungsseitig damit widerlegt, daß es sich um keine differenzielle Behandlung von Preußen und Nichtpreußen handle; der Preuße, dessen Betrieb seinen Sitz außerhalb Preußens habe, werde ebenso nach § 3 besteuert, wie der Nichtpreuße, umgekehrt der Nichtpreuße, der den Sitz seines Unternehmens in Preußen habe, ebenso nach §§ 1 und 2, wie der Preuße. Vgl. A.H. Sten. Ber. S. 4485.

[2]) Es finden also, abgesehen von der Steuergrenze und dem Absatz 2, alle Bestimmungen des § 1 sinngemäße Anwendung, insbesondere auch Abs. 3 u. 4.

[3]) „Jahresumsatz" d. i. im Kleinhandel mit Waaren, welche unter die im § 6 unterschiedenen Gruppen fallen. Die Ausdrücke „Jahresumsatz", „jährlicher Umsatz" und „Gesammtumsatz" haben im § 3 dieselbe Bedeutung wie im § 1 und § 2. Vgl. auch § 4.

[4]) Es erscheint zweifelhaft, ob volle 10000 Mk. gemeint sind. Die Regierungsvorlage enthielt den von der Kommission des A.H. gestrichenen Zusatz, „wobei überschießende Beträge, wenn sie 5000 Mark übersteigen, für volle 10000 Mk. gerechnet werden." Die Streichung erfolgte zwar nur, „weil man die Worte für überflüssig hielt, nicht um eine Milderung der Steuer zu bewirken. Nachdem aber die Streichung erfolgt ist, wird man annehmen müssen, daß nur volle Beträge von 10000 Mk. eine höhere Steuer bedingen, was übrigens auch im Einklang mit dem der Steuerskala im § 2 zu Grunde liegenden Prinzip, daß die Steuer 2% des höchsten in die nächstniedrigere Stufe fallenden Umsatzes nicht übersteigt, und mit der vom O.V.G. dem § 15 Nr. 2 Gew.St.G. gegebenen Auslegung steht. Bei einem Jahresumsatz von 26000 Mk. würde also z. B. die Steuer 400 Mk. betragen, während sie bei der Regierungsvorlage 600 Mk. betragen hätte.

[5]) Der Anspruch bezw. Nachweis kann also, obwohl es sich um thatsächliche Unterlagen handelt, noch, während die Angelegenheit in der Beschwerdeinstanz schwebt, angebracht werden. Nach erfolgter

Veranlagung wird der Anspruch nur im Wege des Rechtsmittels geltend gemacht werden können, da die Veranlagungsbehörde erster Instanz ihrerseits die Veranlagung außer im Einspruchsverfahren nicht ändern kann.

[6]) Aber nur der Gesammtumsatz im Kleinhandel mit Waaren, die unter die Gruppen des § 6 fallen. Vgl. oben Anm. 3.

[7]) Wenn beispielsweise ein Unternehmen der im § 3 bezeichneten Art in Preußen in 2 Verkaufsstätten Umsätze von 96 000 und 154 000 Mk. erzielt, so werden diese Betriebsstätten, wenn ein Nachweis nach Abs. 3 nicht erbracht wird, mit 1 800 und 3000 Mk. zur Steuer veranlagt. Wird aber nachgewiesen, daß der Gesammtumsatz des ganzen Unternehmens nur 350 000 Mk. betragen hat, so bleiben sie frei. Betrug der Gesammtumsatz dagegen nachgewiesenermaßen 540 000 Mk., so sind sie mit $7500 \cdot \frac{96\,000}{540\,000} = 1241{,}38$, abzurunden auf 1240 Mk., und $7500 \cdot \frac{154\,000}{540\,000} = 2139{,}81$ abzurunden auf 2140 Mk. zu veranlagen.

[8]) Waarengruppen, die nur außerhalb Preußens geführt werden, werden in keinem Falle in Betracht gezogen.

§. 4.[1])

Für die Steuerveranlagung maßgebend ist der Umsatz des bei der Vornahme derselben [2]) abgelaufenen Jahres. [3]) Besteht der Gewerbebetrieb noch nicht ein Jahr lang, [4]) so ist der Umsatz nach dem zur Zeit der Veranlagung vorliegenden Anhalte zu schätzen.[5]) Während des Steuerjahrs eintretende Aenderungen sind erst bei der Besteuerung für das folgende Jahr zu berücksichtigen.[6])

[1]) Der § 4 ist dem § 24 Abs. 2—4 Gew.St.G. nachgebildet.

[2]) „Bei Vornahme" der Veranlagung, d. h. bei der Ausführung, nämlich bei der „die Veranlagung im Einzelnen unmittelbar bewirkenden Beschlußfassung des Steuerausschusses", nicht etwa bei dem Beginne des Veranlagungsgeschäfts. O.V.G. i. St.St.S. III 357.

[3]) „Welches Jahr als abgelaufen gelten soll, ist nicht ausgedrückt und damit ist der Spielraum gegeben, das individuelle Geschäftsjahr eines jeden Gewerbetreibenden, welches zur Zeit der Vornahme der Veranlagung abgelaufen ist, zu Grunde zu legen. Eine weitere Freiheit hinsichtlich der Auswahl des Jahres ist nicht zugelassen, insbesondere nicht etwa dahin, daß dasjenige

Jahr zu Grunde zu legen ist, dessen Ergebnisse bereits rechnungsmäßig und endgültig feststehen. Vielmehr erscheint nach § 24 a. a. O. als das bei Vornahme der Veranlagung abgelaufene Jahr das letzte Geschäftsjahr oder das letzte Kalenderjahr ohne Rücksicht darauf, ob die Ergebnisse desselben festgestellt sind oder nicht .... Mit dieser Auffassung stehen die Verfügungen des Finanzministers im Einklange. Nach der ausdrücklichen Vorschrift der Verfügung v. 23. Dezember 1893 (Mitth. XXIX 33) kann der Umstand, daß Aktiengesellschaften oft erst einige Monate nach Ablauf ihres Geschäftsjahres in der Lage sind, den hierauf bezüglichen Geschäftsbericht und die auch formell festgestellte Bilanz beizubringen, eine Abweichung von der Regel der Zugrundelegung des letzten Jahres nicht rechtfertigen; vielmehr soll bei nicht rechtzeitiger Beibringung der erforderlichen Unterlagen der Ertrag des letzten Jahres durch Schätzung festgestellt, jedoch bei der Entscheidung über ein etwa eingelegtes Rechtsmittel in jedem Falle das Ergebniß der inzwischen fertig gestellten Bilanz zu Grunde gelegt werden. In der Verfügung v. 8. September 1894 (Mitth. XXX 49) ist sodann mit Rücksicht auf die aus der Schätzung des Ertrages bei Veranlagungen in der Gewerbesteuerklasse I sich ergebenden Uebelstände zugelassen worden, daß in besonderen Fällen ausnahmsweise die Ergebnisse des letztvorangegangenen Jahres, für welches die Abschlüsse schon bewirkt werden konnten, bei Vornahme der Veranlagung als maßgebend angenommen werden." O.V.G. i. St.St.S. IV 408.

Vgl. auch Falkmann u. Strutz a. a. O. Anm. 4 zu § 24 Gew.-St.G. S. 100 f.

⁴) „Besteht der Gewerbebetrieb noch nicht ein Jahr lang." Es fragt sich, ob Bestehen des Gewerbebetriebes seit länger als einem Jahr im Sinne dieses Satzes auch dann anzunehmen ist, wenn zwar der Kleinhandel seit länger als einem Jahr betrieben, aber mehr als eine Waarengruppe erst seit kürzerer Zeit als einem Jahre geführt wird. Die Frage dürfte zu verneinen sein. Denn es kann sich in § 4 nur um den diesem Gesetz unterliegenden Gewerbebetrieb handeln, und das ist eben nur der Kleinhandel mit mehr als einer Waarengruppe. Hat einen Theil des Jahres Kleinhandel mit einer, und den Rest desselben solcher mit mehr als einer Gruppe bestanden, so fehlt es daher an dem Moment der wesentlichen Gleichartigkeit, das nach der Rechtsprechung des O.V.G. (Entsch. i. St.St.S. Bd. III S. 316) auch Voraussetzung der Anwendung der entsprechenden Bestimmung im § 24 Abs. 2 Gew.St.G. ist.

⁵) Von der Verpflichtung zur Deklaration des Umsatzes nach §. 8 befreit die Thatsache, daß der Betrieb noch nicht ein Jahr lang besteht, nicht. Der Umsatz ist in diesem Fall schätzungsweise nach dem z. Z. der Deklaration vorliegenden Anhalt zu deklariren. Eine Bestimmung nach Art des § 27 Einkst.G., wonach dem Steuerpflichtigen auf seinen Antrag, soweit es sich um nur durch Schätzung zu ermittelndes Einkommen handelt, gestattet werden soll, in die Steuererklärung statt der ziffermäßigen Angabe des Einkommens

diejenigen Nachweisungen aufzunehmen, deren die Veranlagungskommission zur Schätzung desselben bedarf, enthält das Waarenhaussteuergesetz nicht, weil, wie die Begründung (S. 26) bemerkt, die Steuerpflichtigen nach dem Handelsgesetzbuch zur Führung von Handelsbüchern verpflichtet sind, aus denen sie ihren Umsatz berechnen können, ohne Schätzungen nöthig zu haben. Dadurch ist indeß nicht ausgeschlossen, daß nicht in der Praxis in Ausnahmefällen analog verfahren werde, nur hat der Steuerpflichtige keinen Anspruch hierauf.

[5]) Auch Aenderungen, welche darin bestehen, daß der Kleinhandel auf eine Waarengruppe beschränkt wird, bleiben unberücksichtigt; vgl. § 12 Abs. 2.

[6]) Ist die Aenderung nach erfolgter Veranlagung, aber vor Beginn des Steuerjahres eingetreten, so kann sie mit Erfolg im Rechtsmittelverfahren geltend gemacht werden, und zwar sowohl in der Einspruchs- als auch in der Berufungsinstanz, nicht dagegen wegen der Bestimmung in §. 37 Gew.St.G., wenn sie in den Vorinstanzen nicht geltend gemacht war, in der Beschwerdeinstanz, wohl aber, wenn das O.V.G. aus anderen Gründen die Sache in die Berufungsinstanz zurückverweist, bei der nochmaligen Verhandlung der Sache in dieser. Eine Aenderung vor Beginn des Steuerjahres, aber nach Eintreten der Rechtskraft der Veranlagung ist dadurch faktisch ausgeschlossen, daß nach Art. 40 A. A. z. Gew.St.G. die Benachrichtigung der Steuerpflichtigen, von deren Zustellung ab die vierwöchentliche Einspruchsfrist läuft, nach Absendung der Steuerlisten bezw. Rollen, diese aber nach Art. 39 a. a. O. erst in den ersten 8 Tagen des März erfolgt Andernfalls würden solche Veränderungen als während des Steuerjahres eingetreten angesehen werden müssen.

§. 5.[1])

Würde die nach §. 2 berechnete Waarenhaussteuer eines Steuerpflichtigen nachweislich[2]) 20 Prozent des nach dem Gesetze vom 24. Juni 1891 für das betreffende Steuerjahr gewerbesteuerpflichtigen Ertrags[3]) seines der Waarenhaussteuer unterliegenden Unternehmens[4])[5]) übersteigen,[6]) so ist sie auf seinen Antrag[7]) auf diesen Betrag,[8]) keinesfalls[9]) aber weiter als bis auf die Hälfte des nach §. 2 sich ergebenden Steuersatzes,[10]) herabzusetzen. Der Antrag ist entweder bei Abgabe der Steuererklärung (§. 9) oder im Wege der gesetzlichen Rechtsmittel (§. 18)[11]) anzubringen.

[12])Auf Konsumvereine und Konsumanstalten, welche nach §. 1 Abs. 4 steuerpflichtig sind,[13]) ingleichen auf die im §. 3 bezeichneten Unternehmen findet diese Bestimmung keine Anwendung.[14])

[1]) Ueber die Entstehungsgeschichte des § 5 vgl. Einl. S. 21—23.

[2]) Den Nachweis, daß und inwieweit eine nach § 2 bemessene Steuer 20 Prozent des Ertrages überschreiten würde, hat der Steuerpflichtige zu erbringen.

Ein solcher Nachweis ist erst möglich, wenn die Ergebnisse eines Jahres vorliegen. Die Anwendung des § 5 ist daher gegenüber nicht mindestens 1 Jahr bestehenden Waarenhausbetrieben ausgeschlossen.

[3]) Vgl. § 22 Gew.St.G. und die Erläuterungen zu demselben bei Falkmann u. Strutz a. a. O. S. 93 f. sowie die Judikatur des O.V.G. Falkmann u. Strutz bemerken a. a. O. in Anmerkung 2 Folgendes:

„Ertrag im Sinne des Gew.St.G. ist der Inbegriff dessen, was innerhalb einer gewissen Periode an Geldwerthen, Gütern und Nutzungen durch objektiven Gewerbebetrieb hervorgebracht wird. Was sich wirthschaftlich hiernach überhaupt nicht als Ertrag in diesem Sinne darstellt, erscheint auch nicht als steuerpflichtiger Ertrag. Im Gesetz ist eine Definition des Ertrages nicht gegeben, und in der früheren Gesetzgebung war das Wort „Ertrag" im steuertechnischen Sinne kein technischer Ausdruck. Wie sich schon daraus, daß das Gew.St.G. die Bezeichnung „Einkommen" gänzlich vermeidet und sich überall des Ausdrucks „Ertrag" bedient, mit Sicherheit ergiebt, bezeichnet „Ertrag" etwas anderes als „Einkommen", „steuerpflichtiges Einkommen" und „Einkommen aus Gewerbebetrieb" in den Einkommensteuergesetzen. „Einkommen" ist ein subjektiver, „Ertrag" ein objektiver Begriff. Eingänge können „Einkommen" sein ohne „Ertrag" zu sein, und umgekehrt: so bildet der durch Ausgabe neuer Aktien gegen Aufgeld von einer Aktiengesellschaft erzielte Agiogewinn keinen Theil des gewerbesteuerpflichtigen Ertrages, wohl aber einen solchen des einkommensteuerpflichtigen Einkommens; denn dieser Agiogewinn ist nicht durch den Betrieb des Gewerbes erzielt, O.V.G. i. St.St.S. IV 360, V 421, I 292, II 38, IV 225. Mit den aus dem Unterschiede zwischen gewerbesteuerpflichtigem Ertrage und einkommensteuerpflichtigem gewerblichem Einkommen sich ergebenden Maßgaben darf von den Feststellungen des Letztern bei Feststellung des Erstern ohne erkennbaren Grund nicht abgewichen werden. O.V.G. i. St.St.S. IV 378. Natürlich darf nicht außer Acht gelassen werden, daß der Gewerbesteuer der Ertrag des letzten Jahres, der Einkommensteuer das Einkommen nach dem Durchschnitt der drei letzten Jahre zu Grunde zu legen ist.

Bei Gewerbebetrieben mit kaufmännischer Buchführung ist

Ertrag im Sinne des § 22 derjenige Vermögenszuwachs, welcher sich beim Abschlusse des Geschäftsjahres im Vergleich mit dem Abschlusse des vorhergehenden Geschäftsjahres aus den Bilanzen u. s. w., eventuell nach Berichtigung gemäß den besonderen Vorschriften des § 22, ergiebt, O.V.G. i. St.St.S. IV 423, Ertrag einer Aktiengesellschaft dasselbe, was das Handelsrecht mit Gewinn bezeichnet, nämlich der sich am Schlusse des Geschäftsjahres ergebende und nach der Verfassung der Aktiengesellschaft ihr zur freien Verfügung stehende Vermögenszuwachs — N.B im Sinne des § 22, soweit er durch den Betrieb des Gewerbes erzielt ist — O.V.G. i. St.St.S. III 412. Bei einem Handel mit Immobilien besteht der steuerpflichtige Ertrag nicht nur in dem durch den Verkauf erzielten Gewinn, sondern außerdem in allen von den Handelsobjekten vor dem Verkaufe durch Vermiethung u. s. w. erzielten Nutzungen, O.V.G i. St.St.S. III 289, IV 275; ferner gehören grundsätzlich hierzu die von den Käufern der Immobilien an den Immobilienhandel treibenden Steuerpflichtigen zu entrichtenden Zinsen von gestundeten Kaufgeldern; daß dies im einzelnen Falle nicht zutrifft, hat der Steuerpflichtige zu beweisen, bloße Eintragung der Forderung im Grundbuch liefert diesen Beweis nicht, O.V.G. i. St.St.S. V 441. Gewinne und Verluste aus Spekulationsgeschäften, welche als Ausfluß einer gewerbsmäßigen Thätigkeit anzusehen sind, sind bei der Berechnung des gewerbesteuerpflichtigen Ertrages in Ansatz bezw. Abzug zu bringen. Rskr. v. 21. März 1893 (Mitth. XXVI 37). Zu dem steuerpflichtigen Ertrage des Gewerbebetriebes einer Kommanditgesellschaft auf Aktien gehören auch die auf die Gewinnbetheiligung der persönlich haftenden Gesellschafter (Geschäftsinhaber) entfallenden Beträge. O.V.G. i. St.St.S. IV 283."

„Gewerbesteuerpflichtiger" Ertrag ist der nach den Vorschriften des Gew.St.G. berechnete, nicht der zur Gewerbesteuer bereits veranlagte Ertrag. Denn andernfalls könnte der Antrag nicht schon bei Abgabe der Steuererklärung gestellt werden.

[4]) Also nur des Kleinhandels mit Waaren der im § 6 unterschiedenen Gruppen.

[5]) In dem Falle des § 7 des Ges. kann § 5 ebenfalls zur Anwendung kommen, aber nur, wenn der nach § 2 berechnete Gesammtsteuersatz 20 % der Summe der Erträge der einheitlich zu veranlagenden Betriebe übersteigen würde, nicht, wenn nur der auf einen Betrieb entfallende Theilbetrag 20 % seines Ertrages übersteigt.

[6]) Betrüge die Waarenhaussteuer für Umsätze von mehr als 1000000 genau 2% des Umsatzes, so würde § 5 stets Anwendung finden können, wenn der Ertrag 10% des Umsatzes nicht erreicht; denn beträgt der Erstere 10% des Letztern, so sind 20% des Ersteren gleich 2% des Letztern. Nun erreicht aber nach der Skala im § 2 die Steuer nie voll 2% des Umsatzes, sondern bleibt bei Umsätzen von mehr als 1000000 Mk. um höchstens (bei einem Umsatz von 1000000 Mk., bei dem die Steuer nur 2% von $^{10}/_{11}$ des Umsatzes

beträgt) 0,1818% hinter 2% zurück. Infolgedessen ist der sich nach § 2 ergebende Steuersatz = 20% des Ertrages auch bei Umsätzen über 1 000 000 Mk. schon, wenn dieser etwas hinter 10% des Umsatzes zurückbleibt. Analog stellt sich die Sache bei Umsätzen von nicht mehr 1 000 000 Mk: bei einem Umsatz von 450 000 Mk. würde § 5 zur Anwendung kommen, wenn der Ertrag weniger als 4,44% des Umsatzes beträgt, bei Umsätzen von 500 000, 600 000, 850 000 und 1 000 000 Mk, wenn der Ertrag sich niedriger als auf 5,5, 7,0833, 7,053 und 9% stellt.

[7]) Eine Anwendung des § 5 von Amtswegen findet niemals statt. Im Falle des § 7 d. G. ist zu dem Antrage jeder Inhaber eines der veranlagten Betriebe befugt. Vgl. oben Anm. 5.

[8]) Die Regierungsvorlage enthielt hinter „Betrag" die Worte „unter Abrundung auf die nächste durch Hundert theilbare Zahl". Diese sind, wie man annehmen darf, versehentlich vom Abgeordnetenhause gestrichen, indem der von ihm angenommene Antrag Schaube besagte, diese Worte durch „keinesfalls aber weitere als bis auf die Hälfte des nach § 2 sich ergebenden Steuersatzes" zu „ersetzen", während diese Worte hätten hinter „Zahl" eingeschaltet werden müssen. Infolgedessen enthält das Gesetz keine Bestimmung über die Abrundung der auf 20% des Ertrages zu normirenden Steuersätze.

[9]) Also auch nicht, wenn das Geschäft mit Verlust gearbeitet hat.

[10]) Ueber die Einschaltung der Worte „keinesfalls" bis „Steuersatzes" vgl. Einl. S 22 und oben Anm. 8.

[11]) Der Antrag braucht also sogar erst in der Beschwerde gestellt zu werden. Ist er nicht bei Abgabe der Steuererklärung gestellt worden, so kann er nach dem Wortlaut des Gesetzes nur noch im Rechtsmittelwege geltend gemacht werden. Es wird aber nicht als unzulässig angesehen werden können, wenn die Veranlagungsbehörde einen nach Abgabe der Steuererklärung, aber vor erfolgter Veranlagung eingehenden Antrag bei der Veranlagung berücksichtigt; verpflichtet hierzu ist sie aber nach dem Gesetze nicht. Nach der Veranlagung bei ihr eingehende Anträge muß sie dagegen als Rechtsmittel gegen die Veranlagung behandeln.

[12]) Die Begründung bemerkt zum 2. Absatz:

„Auf steuerpflichtige Konsumvereine und Konsumanstalten kann sie indeß nicht angewendet werden, da diese nicht mit der Absicht der Erzielung eines möglichst hohen Ertrages verwaltet werden und sie es in der Hand haben, durch die Normirung der Verkaufspreise den Ertrag völlig verschwinden zu lassen."

Die Anwendung des § 5 Abs. 1 auf die im § 3 bezeichneten Unternehmungen verbietet sich deshalb, weil es diese Unternehmungen in der Hand haben würden, durch die Art der Verrechnung zwischen den Preußischen Niederlassungen und der außerpreußischen Hauptniederlassung u. dergl. den Ertrag der Ersteren herabzudrücken.

Die Bestimmung hat hinsichtlich der Konsumvereine und Konsumanstalten einen Vorgang im § 8 Abs. 2 Gew.St.G.

[13]) Die dem § 8 Abs. 2 Gew.St.G. entsprechende Fassung ist

ebenso wenig wie diese genau; denn „nach § 1 Abs. 4" sind überhaupt keine Konsumvereine und Konsumanstalten steuerpflichtig, sondern der § 1 Abs. 4 enthält nur eine Steuerbefreiung.

Das „Waarenhaus für deutsche Beamte" fällt nach Anm. 14 Abs. 5 zu § 1 weder unter § 1 Abs. 4 dieses Gesetzes noch unter § 5 Gew.St.G., also auch nicht unter § 5 Abs. 2 dieses Gesetzes; ihn kommt also die Vergünstigung des Abs. 1 zu Gute.

[14]) Wohl aber auf andere im § 1 Abs. 4 erwähnte Vereine u. s. w.

§. 6.[1])

Die nach §. 1 zu unterscheidenden Waarengruppen sind:

A. Material- und Kolonialwaaren,[2]) Eß- und Trinkwaaren und Genußmittel,[3]) Tabak und Tabackfabrikate (auch Rauchutensilien), Apothekerwaaren, Farbwaaren, Droguen[4]) und Parfümerien;[5])

B. Garne und Zwirne, Posamentierwaaren, Schnitt-, Manufaktur- und Modewaaren, gewebte, gestrickte, gewalkte und gestickte Waaren, Bekleidungsgegenstände (Konfektion, Pelzwaaren),[6]) Wäsche jeder Art, Betten und Möbel jeder Art, Vorhänge, Teppiche, Möbelstoffe und die zu deren Verarbeitung dienende Anfertigung von Zimmerdekorationen;

C. Haus-, Küchen- und Gartengeräthschaften,[7]) Oefen, Glas-, Porzellan-, Steingut- und Thonwaaren, Möbel jeder Art und die dazu dienenden Möbelstoffe, Vorhänge und Teppiche;

D. [8])Gold-, Silber- und sonstige Juwelierwaaren, Kunst-,[9]) Luxus-, Galanteriewaaren,[10]) Papp- und Papierwaaren,[11]) Bücher und Musikalien, Waffen, Fahrräder, Fahr-, Reit-[12]) und Jagdutensilien, sonstige Sportartikel,[13]) Nähmaschinen, Spielwaaren, optische, physikalische, medizinische und musikalische Instrumente und Apparate.[14])

Waaren, welche zu keiner der im ersten Absatz unterschiedenen Gruppen gehören, werden als besondere Waarengruppe nicht gezählt.

[15]) Solche Waaren, die vermöge ihrer Beschaffenheit oder Bestimmung[16]) sowohl der einen wie der andern jener Gruppen zugerechnet werden können, werden nur einmal gezählt, und zwar, wenn auch andere zu denselben Gruppen gehörige Waaren geführt werden, bei derjenigen, der diese Waaren angehören.

[15]) Ingleichen wird, wenn sich der Handel mit Waaren der einen Gruppe nach Herkommen und Gebrauch[17]) auch auf Waaren anderer Gruppen erstreckt, welche mit ersteren zugleich feilgeboten zu werden pflegen — wie bei Handlungen mit Eisen- und Stahlwaaren, Gummiwaaren und dergleichen — nur Handel mit einer Waarengruppe angenommen.

[18]) Wie eine Waare nach Maßgabe der in den vorstehenden vier Absätzen[19]) niedergelegten Grundsätze zu klassifiziren ist, wird im Zweifelsfalle[20]) von dem Minister für Handel und Gewerbe oder der von ihm bestimmten Behörde[21]) mit bindender Kraft[22]) festgestellt.

Maßgebend ist die zur Zeit der Veranlagung[23]) geführte Zahl von Waarengruppen.

[1]) Die Begründung (S. 25) erläutert die Bedeutung des § 6 folgendermaßen:

„Die Bedeutung der im § 6 abgegrenzten Waarengruppen besteht nur darin, daß die Vereinigung zweier oder mehrerer derselben in demselben Kleinhandelsbetriebe diesem den Charakter des wegen seiner über das Uebliche hinausgehenden Vielseitigkeit einer besonderen Steuer zu unterwerfenden Waarenhauses aufdrückt. Es ist daher erforderlich, die einzelnen Waarengruppen so weit zu greifen, daß nicht verwandte, herkömmlich in demselben Betriebe feilgehaltene Waaren in verschiedene Gruppen fallen und dies zur Besteuerung von Geschäften führt, denen thatsächlich der Waarenhauscharakter völlig abgeht.

Bei der in § 6 nach Anhörung von Sachverständigen aus den Kreisen der größeren wie der kleineren Detaillisten vorgenommenen Gruppenbildung ist daher davon abgesehen worden, Gesichtspunkten, wie der Bestimmung der Waaren, den Rohstoffen, aus denen sie hergestellt sind, ausschlaggebende Bedeutung beizulegen. Das Schwergewicht ist vielmehr auf die Frage gelegt: Welche Waaren werden nach der Entwicklung herkömmlich derart in demselben Geschäft feilgehalten, daß sie als zusammengehörig zu bezeichnen sind, und daß ihre Vereinigung einem Betriebe noch nicht den Charakter des Waarenhauses giebt.

Um in dieser Hinsicht möglichst vollkommene Sicherheit gegen Mißgriffe bei der praktischen Handhabung des Gesetzes zu gewähren, ist überdies die Bestimmung im Absatz 3 eingefügt.

Die im 1. Absatz aufgezählten Gruppen erschöpfen weder alle Arten von Waaren, noch ist es ausgeschlossen, daß man die eine oder die andere Waare füglich sowohl der einen wie der anderen Gruppe zuzählen kann. Für Möbel, Teppiche und Vorhänge ist sogar, um der thatsächlichen Entwicklung der Branchen zu folgen, die Möglichkeit ihrer Zugehörigkeit zu 2 Gruppen ausdrücklich erwähnt. Indessen dürfte die Aufzählung diejenigen Waarengattungen umfassen, deren Führung durch die großen Waarenhäuser kleineren Gewerbetreibenden empfindlichen Abbruch thut. Die sonstigen Waarengattungen können daher hier außer Betracht bleiben.

Soweit Waaren aber mehreren der unterschiedenen Gruppen zugerechnet werden können, trifft der zweite Absatz Vorkehrung dagegen, daß nicht aus diesem Umstande dem Steuerpflichtigen ein ungerechtfertigter Nachtheil erwächst.

In demselben Sinne äußerten sich die Vertreter der Regierung bei den parlamentarischen Verhandlungen. Vgl. A.H. Komm.B. S. 15 u. 17, Sten. Ber. S. 4507, H.H. Sten. B. S. 264.

Die Gruppeneintheilung geht also davon aus, diejenigen Waarengattungen, welche das Publikum, namentlich auch in kleineren Städten, wo eine derartige Spezialisirung der Geschäfte wie in großen weder üblich noch überhaupt möglich ist, in demselben Geschäft zu finden gewöhnt ist, in derselben Gruppe bei einander zu lassen. Zur Kennzeichnung der einzelnen Gruppe werden die üblichen Gattungsbezeichnungen nebeneinander gestellt, keineswegs dergestalt, daß jede dieser Bezeichnungen scharf gegen die andere derselben Gruppe abgegrenzt ist und nicht vielmehr eine Waare nach dem

Sprachgebrauch sowohl der einen als der anderen zugerechnet werden kann. Für die praktische Handhabung entstehen hieraus keine Schwierigkeiten. Denn für diese kommt es nur darauf an zu entscheiden, ob eine Waare zu einer Gruppe und zu welcher sie gehört; ob sie unter den einen oder den anderen in dieser Gruppe genannten Gattungsbegriff fällt, ist praktisch ohne Bedeutung. Worauf es dagegen ankommt, ist, daß sich die Gruppen möglichst scharf von einander unterscheiden, sodaß möglichst wenig Zweifel darüber entstehen, welcher Gruppe eine Waare angehöre. In dieser Beziehung charakterisiren sich die Gruppen folgendermaßen: A enthält lediglich Konsumtibilien, und nur in den Rauchutensilien und vielleicht gewissen Apothekerwaaren Gebrauchsgegenstände, die aber ausschließlich dazu dienen, die Konsumtion gewisser dieser Verbrauchsgegenstände zu vermitteln bezw. zu erleichtern. Dagegen enthalten B, C und D Gebrauchsgegenstände, und zwar B solche zur Bekleidung im weitern Sinn, C solche zur Ausstattung des Haushalts, D weder unter die eine noch unter die andere Kategorie fallende, namentlich solche des Luxus, wie Juwelierwaaren, Sportartikel u. s. w., oder zu bestimmten Verrichtungen des täglichen Lebens oder zur Unterhaltung dienende. Die Rücksichten auf die thatsächliche Entwicklung des Handels haben es aber bedingt, dieses Eintheilungsprinzip nicht in aller Starrheit durchzuführen. Insbesondere verbot es sich, von Gruppe B Waaren auszuschließen, die zwar nicht zur Bekleidung dienen, aber gleich wie die wichtigsten Bekleidungsgegenstände durch die Textil- und verwandte Industrien, hergestellt sind. Dadurch kam man zur Aufnahme von Wäsche „jeder Art", Betten, Vorhängen, Teppichen und Möbelstoffen in Gruppe B. Weiter führte die Gewohnheit des Publikums, wo es die Betten kauft, auch die Bettstellen zu kaufen, und nicht an der einen Stelle die Möbelstoffe zu kaufen, um damit die an anderer gekauften Möbel überziehen zu lassen, und die Zimmerdekorationen von demjenigen Geschäft anfertigen zu lassen, von dem die hierzu dienenden Textilwaaren gekauft sind, dazu, auch Bettstellen, Polstermöbel und Zimmerdekorationen in die Gruppe aufzunehmen. Der Landtag aber ging hierin noch weiter, indem er die Führung von „Möbel jeder Art" in dieser Gruppe gestattete, da das Publikum, wo es die Polstermöbel und Bettstellen erhalte, auch seine übrigen Möbel kaufen wolle.

Aus dem, was in der Begründung über die Bedeutung der Gruppeneintheilung gesagt ist, erhellt auch, daß man die einzelnen Bezeichnungen sowohl, was die Abgrenzung der Gruppen unter einander, als auch was die Frage, ob eine Waare überhaupt unter eine Gruppe fällt, anlangt, wird nicht zu strikt interpretiren dürfen.

⁸) „Material- und Kolonialwaaren", wofür auch der Ausdruck „Spezereiwaaren" gebraucht wird, sind die in- und ausländischen im Wesentlichen zur Nahrung oder zu anderen häuslichen Bedürfnissen dienenden, nicht in frischem Zustand befindlichen

Waaren vegetabilischen oder mineralischen Ursprungs, wie Gewürze, Kaffee, Zucker, Thee, Reis, Graupe, getrocknete Früchte und Gemüse, Salz, Oel, Essig, Petroleum u. s. w. In weiterem Sinne versteht man darunter auch die hier besonders genannten Tabak-, Farbwaaren und Droguen. Nicht hierzu zu rechnen sind z. B. Kohlen und Brennholz.

[3]) „Eß- und Trinkwaaren und Genußmittel." Hiermit werden alle nicht schon unter „Material- und Kolonialwaaren" fallenden zum menschlichen Genusse dienenden Waaren gedeckt, beispielsweise Fleisch- und Wurstwaaren aller Art, frische Früchte und Gemüse, Butter, Käse, Milch, Getränke aller Art, Chokolade, Konfitüren u. s. w. Ungemahlenes Getreide ist keine Eßwaare, wohl aber Mehl, da man für den Begriff der Eß- 2c. Waaren wird verlangen müssen, daß die Waare in dem Zustande, in dem sie feilgeboten wird, oder nach einer im Bereich des Haushalts liegenden Verarbeitung zum Genusse verwendbar ist.

Die Schankwirthschaft dürfte nicht als Kleinhandel mit Gruppe A anzusehen sein, da in der preußischen und in der Reichsgesetzgebung stets der Betrieb der Gast- und Schankwirthschaft als ein besonderes Gewerbe dem „Handel" gegenüber gestellt nicht zu diesem gerechnet worden ist. Soweit freilich in einer Schankwirthschaft ein Verkauf auch nicht zum Genuß auf der Stelle stattfindet, würde dieser unter dem Wortlaut des § 6 Art. A fallen. Kleinhandel mit geistigen Getränken zählt dagegen stets in Gruppe A.

[4]) „Apothekerwaaren, Farbwaaren, Droguen" werden als ein zusammmengehöriger Begriff anzusehen sein, der Alles umfaßt, was an Verbrauchsgegenständen in Droguenhandlungen und Apotheken geführt zu werden pflegt, also auch z. B. Verbandsstoffe. Die in Apotheken und Droguenhandlungen geführten kleineren medizinischen Instrumente, Spritzen und dergl. werden in diesen Geschäften, ohne daß deßhalb Handel mit 2 Gruppen angenommen wird, auf Grund des § 6 Abs. 4 weiter geführt werden dürfen.

[5]) „Parfümerien" sind zwar eigentlich nur Präparate, welche den Zweck haben, einen angenehmen Geruch zu verbreiten, wie wohlriechende Wässer, Oele, Essenzen, Pomaden, Räuchermittel u. s. w. Soweit aber die Parfümeriegeschäfte herkömmlich auch damit in Verbindung stehende Gebrauchsgegenstände, wie Räucherapparate, Kämme, Bürsten, Sachets führen, wird ihnen ebenfalls Abs. 4 zu Gute kommen.

[6]) Der Ausdruck „Bekleidungsgegenstände" deckt alle nicht schon unter die übrigen Bezeichnungen der lit. B fallenden Gegenstände der Bekleidung, wie z. B. Schuhwaaren, Handschuhe, Schirme, Kravatten, Nadeln und sonstige kleine der Bekleidung dienende Gegenstände. Die in Parenthese beigefügten Worte „Konfektion, Pelzwaaren" sind nicht bestimmt, den Begriff „Bekleidungsgegenstände" zu erschöpfen, sondern nur die hauptsächlichsten Bekleidungsgegenstände hervorzuheben. Umgekehrt sollen die andern Bezeichnungen die nicht der Bekleidung dienenden Produkte der Textil-

und verwandten Industrien und die noch nicht zu Bekleidungsgegenständen verarbeiteten Stoffe umfassen. Vergl. im Uebrigen oben Anm. 1.

Daß mit Uniformen auch die zu denselben gehörigen Waffen geführt werden dürfen, ohne daß deshalb 2 Gruppen anzunehmen sind, wird ebenfalls auf Grund des Abs. 4 anzunehmen sein.

7) Zu den „Haus-, Küchen- und Gartengeräthschaften" gehören außer den besonders genannten Oefen, Glas- 2c. Waaren und Möbeln aller Art insbesondere z. B. auch Lampen und sonstige Beleuchtungsgegenstände, Metallgeschirr, Tisch- und Küchenmesser, Gabeln, Löffel, überhaupt die meisten Erzeugnisse der Kleineisenindustrie, viele Korb-, Böttcher- und Seilerwaaren, wie Wasch- und Marktkörbe, Kinderwagen, Waschfässer, Waschleinen und dergl., Gartenscheeren, Rechen, Harken u. s. w. Bei silbernen Bestecken würde unter Umständen Abs. 3 zur Anwendung kommen.

8) Die Regierungsvorlage enthielt vor „Galanteriewaaren" die Worte „Kurz- und", die vom Herrenhause mit Zustimmung der Regierung gestrichen wurden, weil der Begriff „Kurzwaaren" ein schwankender, in den verschiedenen Landestheilen und auch in den gewerblichen Kreisen desselben Landestheils verschieden ausgelegter ist; insbesondere verstehen die Einen darunter nur kleinere Gegenstände aus Metall, Horn, Schildkrot und ähnlichen harten Materialien, Andere auch größere derartige Gegenstände, wie Waffen, Lampen, Kronleuchter, Pferdegeschirre; wieder Andere stellen neben diese sog. „harten" Kurzwaaren, die die Regierungsvorlage wohl nur im Auge hatte, als „weiche" Bänder, Litzen und sonstige Posamentierwaaren, Strümpfe, Handschuhe, Tücher 2c. Die deßhalb angezeigte Beseitigung der Bezeichnung „Kurzwaaren" hat nur sehr geringe materielle Bedeutung, da das Gros der Kurzwaaren unter andere Bezeichnungen fällt, insbesondere unter „Luxus-, Galanterie-, Papp- und Papierwaaren, Garne, Zwirne, Posamentier- und Modewaaren." Vgl. die Erklärung des Regierungskommissars A.H. Sten. B. S. 5182.

9) „Kunstwaaren" sind sowohl Erzeugnisse der Kunst als des Kunstgewerbes. Vorzugsweise an die Letzteren dürfte gedacht sein, und auch wohl nur an die nicht unter die Textil- und Möbelbranche fallenden, wie Figuren und dergleichen nur zur Ausschmückung, nicht, wie Möbel, Leuchter, Spitzen u. s. w. zu einem bestimmten Gebrauch dienende Gegenstände aus Bronce, Marmor, Gips u s. w. Legt man den Begriff weiter aus, so wird hier eine besonders häufige Anwendung des § 6 Abs. 3 eintreten.

10) Die „Luxus- und Galanteriewaaren" umfassen die meisten der in Anm. 8 erwähnten sog. „harten Kurzwaaren", abgesehen etwa von dem in Näh- und Stecknadeln, gewöhnlichen Knöpfen, Nägeln u. dgl. bestehenden wenig lohnenden Kleinkram, insbesondere also Fächer, Bijouterien, namentlich unechte, Dosen, Stöcke, Manchettenknöpfe, Attrappen und andere zierliche Gegenstände aus Metall, Holz, Porzellan, Leder, Glas u. s. w., Albums, Portemonnaies, Brieftaschen, Nähetuis u. dgl. mehr.

[11]) Zu den „Papp- und Papierwaaren“ werden z. B. auch Bleistifte und ähnliche Schreib- und Zeichenmaterialien, die von den „Papierwaaren-Handlungen“ geführt zu werden pflegen, zu rechnen sein.

[12]) Zu den „Fahr- und Reitutensilien“ dürften auch die zur Haltung des Pferdes im Stall nöthigen Stallutensilien gehören.

[13]) „Sonstige Sportartikel“ beispielsweise für Bergbesteigungen, für den Ruder- oder Segelsport, das Lawn Tennis-Spiel u. s. w. Fraglich kann sein, ob Sportanzüge unter Gruppe D fallen. Die Frage dürfte, soweit es sich um Kleidungsstücke handelt, die nach Stoff, Schnitt und Machart zweifellos ausschließlich für einen bestimmten Sport bestimmt sind, zu bejahen sein. Eventuell könnte auch hier § 6 Abs. 3 oder 4 zur Anwendung kommen. Natürlich schließt, wenn man die Sportbekleidung unter D subsumirt, dies nicht aus, daß sie wie alle „Bekleidungsgegenstände“ auch in B geführt werden darf.

[14]) „Optische 2c. Instrumente und Apparate“ sind alle der Optik, Physik, Medizin und Musik dienenden größeren oder kleineren Werkzeuge und Maschinen; eine strenge Grenze zwischen „Instrument“ und „Apparat“ läßt sich nicht ziehen; in der Musik spricht man nur von Instrumenten, auch wenn sie, wie Spieluhren, selbstthätig sind, während man in der Physik die nicht durch Menschenkraft in Betrieb gehaltenen als Apparate bezeichnet. Optische Instrumente sind z. B. Brillen, Fernröhre u. s. w., medizinische Instrumente und Apparate auch solche, die der Arzt einem Patienten zur Heilung oder Linderung eines Gebrechens oder einer Krankheit zu dessen Gebrauch verordnet, nicht nur solche, die der Arzt selbst bei Ausübung der Heilkunde gebraucht, also beispielsweise auch Bruchbänder, orthopädische Apparate, künstliche Gliedmaßen, Höhrrohre.

[15]) Absatz 3 bezieht sich auf den Fall, wo eine und dieselbe Waare verschiedenen Gruppen zugerechnet werden kann, Abs. 4 auf den, wo ein Geschäft mehrere Waaren führt, von denen die eine unter diese, die andere unter jene Gruppe fällt. Dort wird der Zweifel gelöst, wie eine Waare zu gruppiren ist; hier liegt ein solcher Zweifel gar nicht vor, sondern handelt sich um eine positive Ausnahme von der Regel des Abs. 1. Beispiele für die Anwendung des Abs. 3 sind in den Anmerkungen zum Abs. 1 enthalten; ein anderes sind z. B. Cigarrenspitzen, die sowohl „Rauchutensilien“ (Gruppe A) als auch „Galanteriewaaren“ (Gruppe D) sind. Andererseits führten z. B. die meisten Eisenwaarengeschäfte einerseits Haus-, Küchen- und Gartengeräthschaften und Gartenmöbel, andererseits Galanteriewaaren, wie Taschenmesser, Fahr- und Reitutensilien, als Kinnketten, Deichselketten, Gebisse, Wagenlaternen, vielfach Terzerole, Fahrräder 2c., die Gummiwaarengeschäfte Gummischuhe und -Mäntel (Gruppe B), Gummiwaaren und andere Haushaltungsgegenstände aus Gummi, Schläuche zu Gartenspritzen (C), endlich medizinische Instrumente (D). Ein anderes Beispiel für die Anwendung des

Abs. 4 sind die schon erwähnten Militäreffektengeschäfte hinsichtlich der Waffen.

[16]) Z. B. gehören silberne Bestecks vermöge ihrer Beschaffenheit in Gruppe D, vermöge ihrer Bestimmung unter C, gefüllte Bonbonnièren vermöge ihrer eigenen Beschaffenheit unter D, vermöge derjenigen des Inhalts unter A.

[17]) Durch das Verweisen auf „Herkommen" und „Gebrauch" hat man sowohl den zeitlichen wie den örtlichen Verhältnissen und Gewohnheiten gebührende Bedeutung einräumen wollen. A.H. Komm.B. S. 16. Derartige Herkommen und Gebräuche können sich auch in Zukunft bilden. Herkommen und Gebrauch im Sinne des Abs. 4 kann sich wohl für einen einzelnen Ort bilden; nicht aber kann sich ein einzelnes Geschäft auf den Abs. 4 in dem Sinne berufen, daß von ihm, dem einzelnen Geschäft seit jeher Waare mehrerer Gruppen geführt seien.

[18]) Der Abs. 5 beruht auf einem Beschlusse des Abg.H.

[19]) Der Handelsminister bezw. die von ihm bestellte Behörde entscheidet also nicht nur darüber, ob eine Waare zu einer der vier Gruppen und zu welcher sie gehört, sondern auch über die Anwendung der Abs. 3 und 4.

[20]) Die Veranlagungsbehörde und die Rechtsmittelinstanzen sind also auch ohne daß ein Antrag des Steuerpflichtigen vorliegt, gehalten, die Entscheidung nach Abs. 5 herbeizuführen, sobald ein Zweifel bei ihnen auftaucht; dieser Fall dürfte immer gegeben sein, wenn Meinungsverschiedenheiten zwischen den Steuerpflichtigen und der Behörde oder zwischen den einzelnen Behörden obwalten, die nicht schon durch eine frühere, wenn auch bezüglich anderer Fälle ergangene Entscheidung nach Abs. 5 erledigt sind.

[21]) Es kann eine Behörde für den ganzen Staat oder es können mehrere Behörden für einzelne Behörden bestimmt werden; die Bestimmung kann generell oder für einzelne Fälle erfolgen, der Minister kann auch gewisse Kategorien von Streitfragen seiner Entscheidung oder die Entscheidung der beauftragten Behörde seiner Genehmigung vorbehalten. Vgl. A.H. Sten. B. S. 4521.

[22]) Es sind also alle Behörden hieran gebunden, auch das O.V.G. und, soweit, wie in Strafsachen, die ordentlichen Gerichte mit Angelegenheiten dieses Gesetzes befaßt werden, auch diese. Ebensowenig kann der Steuerpflichtige die Entscheidung anfechten. Eine Beschwerde im Aufsichtswege gegen Entscheidung der beauftragten Behörde kann jedenfalls nach dem Wortlaut des Abs. 5 ebenfalls durch die ministerielle Instruktion ausgeschlossen werden, braucht es aber nicht zu werden.

[23]) „Zur Zeit der Veranlagung" d. h. der Vornahme, nicht der Vorbereitung der Veranlagung. Umgehungen der Steuer dadurch, daß etwa in der Zeit von kurz vor Abgabe der Steuererklärung bis kurz nach der Veranlagung nur eine Gruppe geführt wird, ist durch § 11 und die im § 12 für sinngemäß anwendbar erklärten Bestimmungen des Gew.St.G. vorgebeugt.

§. 7.[1])

Durch die Zerlegung[2]) eines Waarenhausbetriebs[3]) in mehrere gesonderte, selbständige Betriebe[4]) werden diese Betriebe von der Entrichtung der Steuer nach Maßgabe des Gesammtumsatzes[5]) nicht befreit, wenn die begleitenden Umstände[6]) erkennen lassen, daß die Zerlegung in mehrere Betriebe behufs Verdeckung des Waarenhausbetriebs[3]) stattfindet.[7])

Der hiernach auf die Gesammtheit der Betriebe einheitlich veranlagte Steuersatz ist unter sinngemäßer Anwendung der Bestimmungen im §. 38 des Gewerbesteuergesetzes vom 24. Juni 1891 beziehungsweise im §. 82 des Kommunalabgabengesetzes vom 14. Juli 1893 in die auf die einzelnen Betriebe entfallenden Theilbeträge zu zerlegen.[8]) [9])

[1]) Der § 7 ist als § 6a durch das Abg.H. in das Gesetz eingefügt worden. Vgl. Einl. S 22. Die Regierungsvertreter erklärten in der Kommission des Abg.H. (Ber. S. 32) Folgendes:

„Die sowohl bei der ersten Lesung des Entwurfs im Plenum wie in der Kommission als auch gegenwärtig von den dem ganzen Gesetz wie dem vorliegenden Antrage ablehnend gegenüber stehenden Seiten wiederholt gemachten Ausführungen, wie es den Waarenhäusern verhältnißmäßig leicht sein würde, formell sich in Spezialgeschäfte aufzulösen, ohne daß die Gesammtheit dieser Spezialgeschäfte den Charakter des Waarenhauses verlieren und der durch das Gesetz beabsichtigte Nutzen erzielt werden würde, könnten die Regierung wohl dazu bestimmen, den Antrag nicht von der Hand zu weisen.

Ohne Vorgang in der Gesetzgebung sei eine Bestimmung, wie sie der Antrag wolle, nicht. Auch im § 1 Abs. 2 des Gesetzes betreffend die Besteuerung des Wanderlagerbetriebes vom 27. Februar 1880, das auch sonst Analogien mit dem gegenwärtigen Entwurf enthalte, sei eine ähnliche Bestimmung getroffen. Dieselbe habe in der Praxis dazu geführt, daß in nicht seltenen Fällen Betriebe, die sich trotz Erfüllung der gesetzlichen Förmlichkeiten der Begründung eines Wohnsitzes oder einer gewerblichen Niederlassung materiell als Wanderlager charakterisirten, zur Steuer herangezogen werden könnten und so eine Umgehung des Gesetzes verhütet werde.

Werde jetzt in den vorliegenden Entwurf der beantragte § 6a eingefügt, so würde dessen Bedeutung ja nicht sowohl darin bestehen, daß er oft zur praktischen Handhabung gelange, als vielmehr darin, daß er die Waarenhäuser von vornherein von dem Versuche abhalte, den Waarenhausbetrieb durch eine formelle Zerlegung in Spezialgeschäfte zu verschleiern.

Der Bekämpfung des Antrages mit der Behauptung, derselbe sei so allgemein gehalten, daß schließlich jeder Kleinhändler, insbesondere auch der von der Staatsregierung empfohlene genossenschaftliche Zusammenschluß kleinerer Gewerbetreibender von ihm bedroht werden könne, liege eine den klaren Wortlaut des Antrags völlig übersehende Ueberschätzung der Tragweite des Antrages zu Grunde. Nothwendige Voraussetzungen der Anwendbarkeit des vorgeschlagenen § 6a seien

1. das Vorhandensein eines Waarenhausbetriebes im Sinne des § 1,
2. dessen Zerlegung in mehrere Spezialgeschäfte,
3. der Nachweis bestimmter Thatsachen, aus denen sich ergebe, daß die Zerlegung die Verdeckung des Waarenhausbetriebes bezwecke.

Fehle auch nur eine dieser Voraussetzungen, so könne von der Anwendung des § 6a nicht die Rede sein, also z. B. in allen solchen Fällen nicht, wo nicht vor der Errichtung der Spezialgeschäfte ein Waarenhausbetrieb stattgefunden habe, wo eine Zerlegung eines bisherigen Betriebes nicht erfolgt sei, oder wo sich die Spezialgeschäfte in ihrer Gesammtheit nicht als eine verschleierte Fortsetzung des bisherigen Waarenhausbetriebes darstellten.

Ob bei dem Zusammentreffen obiger drei Voraussetzungen der beantragte § 6a auch dann Anwendung finden könne, wenn die Zerlegung vor dem 1. April 1901 stattgefunden habe und die aus dem Waarenhaus hervorgegangenen Spezialgeschäfte nach diesem Zeitpunkt unter Umständen fortbetrieben würden, welche sie als einen verdeckten Waarenhausbetrieb erscheinen ließen, könne der demnächstigen Rechtssprechung überlassen werden. Der Wortlaut des Antrages verlange nicht, daß die sämmtlichen, die Anwendbarkeit begründenden Thatsachen erst nach dem Inkrafttreten des Gesetzes eingetreten seien."

[a]) Es muß also vorher ein Waarenhausbetrieb bestanden haben. Der § 7 findet somit keine Anwendung auf Betriebe, die nicht aus einem einheitlichen Waarenhausbetriebe hervorgehen, sondern völlig neu entstehen, auch wenn sie unter Umständen betrieben werden, die sie als einen verdeckten Waarenhausbetrieb erscheinen lassen. Unter welchen Voraussetzungen Betriebe als Theile eines früheren, nun zerlegten Waarenhausbetriebes anzusehen sind, unterliegt der Beurtheilung von Fall zu Fall.

Die Zerlegung behufs Umgehung der Waarenhaussteuerpflicht kann in doppelter Weise erfolgen, entweder als Zerlegung in mehrere nur je eine der im § 6 unterschiedenen Waarengruppen führende oder in Betriebe, deren jeder zwar mehr als eine Gruppe führt, aber einen Umsatz von nicht mehr als 400000 Mk. erzielt. Beide Fälle dürften unter den § 7 fallen, da mit den Worten „Verdeckung des Waarenhausbetriebes" jedenfalls gemeint ist jede Verdeckung eines waarenhaussteuerpflichtigen Betriebes.

Die im letzten Absatz der in Anm. 1 wiedergegebenen Erklärung behandelte Frage ist m. E. zweifellos zu bejahen.

Gleichgültig ist, ob der zerlegte Waarenhausbetrieb schon vor Inkrafttreten dieses Gesetzes bestand oder erst nach diesem Zeitpunkt errichtet ist.

[3]) „Waarenhausbetrieb" ist jeder nach § 1 oder nach § 3 steuerpflichtige Kleinhandelsbetrieb, gleichviel, ob er im offenen Laden betrieben wird oder nicht, also nicht nur ein Waarenhaus im landläufigen Sinne, sondern z. B. auch ein Versandtgeschäft.

[4]) „Mehrere gesonderte, selbständige Betriebe" im Sinne des § 7 sind nur vorhanden, wenn bei denselben eine vollständige Identität des oder der Inhaber nicht besteht. Denn besteht eine solche, so werden die Betriebe als in einer Hand befindlich schon nach § 1 einheitlich besteuert. Vgl. Anm. . . . . zu § 1.

[5]) Im Sinne des § 1. Vgl. Anm. 5 zu § 1.

[6]) Welcher Art diese „begleitenden Umstände" sein müssen, ist Frage des Einzelfalls. In Betracht kommen können — nicht müssen — beispielsweise Fälle folgender Art: Von den mehreren Inhabern eines Waarenhauses errichtet jeder ein Spezialgeschäft in einer Waarengruppe auf den bisher von dem Waarenhaus benutzten Grundstücken, sodaß etwa im Erdgeschoß Gruppe A, in der ersten Etage B u. s. w. feilgeboten wird, oder die 4 Inhaber M, N, O, P errichten in nächster Nähe von aneinander 4 derartige Spezialgeschäfte, deren jedes sich in der Hand einer offenen Handelsgesellschaft oder einer Gesellschaft mit beschränkter Haftung befindet, deren Gesellschafter sind bei der ersten M, N, O, bei der zweiten N, O, P, bei der dritten M, O, P und bei der vierten M, N, O, P. Ebenso kann unter Umständen in Betracht kommen die sonstige pekuniäre Betheiligung des Inhabers des einen Betriebes an dem andern oder des sich äußerlich zurückziehenden Inhabers des bisherigen Waarenhauses an den neuen Betrieben, die Verpflichtung der Letzteren, von einem etwa von dem früheren Waarenhausinhaber eröffneten Engrosgeschäft die Waaren zu beziehen, die gemeinsame Benutzung von Grundstücken, Personal, Geschäftsfuhrwerken und dergl.

Niemals kann im Falle der Auflösung in Spezialgeschäfte von Verdeckung des Waarenhausbetriebes die Rede sein, wenn nicht wenigstens 2 dieser Spezialgeschäfte an demselben Orte oder unmittelbar benachbarten Orten Verkaufsstätten haben, die zusammengenommen mehr als eine Waarengruppe führen. Denn andernfalls liegt nach § 1 Abs. 3 ein Waarenhausbetrieb nicht vor, auch wenn man alle Geschäfte als ein Ganzes betrachtet.

[7]) Den Beweis hat im Rechtsmittelverfahren, wenn die An-

wendbarkeit des § 7 bestritten wird, die Veranlagungsbehörde zu führen. Vgl. Finanzminist. in Sten. B. des A.H. S. 4733 f.

[8]) Es hat also unter Umständen eine doppelte Zerlegung stattzufinden, auf die einzelnen Betriebe, und falls der einzelne Betrieb sich über mehrere Gemeinden oder Gutsbezirke erstreckt, des auf ihn entfallenden Theilbetrages auf die einzelnen Kommunalbezirke.

[9]) Vgl. auch Anm. 5 zu § 5.

§. 8.

Die Veranlagung der Waarenhaussteuer erfolgt für jedes Steuerjahr im Anschluß an diejenige der allgemeinen Gewerbesteuer nach dem Gesetze vom 24. Juni 1891 (Gesetz-Samml. S. 208) für alle Gewerbesteuerklassen durch den örtlich zuständigen[1]) Steuerausschuß der Gewerbesteuerklasse I.[2]) Der Finanzminister kann[3]) anordnen, daß demselben zu diesem Zwecke[4]) zwei weitere Mitglieder hinzutreten, von denen das eine von dem Finanzminister zu ernennen, das andere nach Maßgabe des §. 10 des Gewerbesteuergesetzes zu wählen ist.[4]) [5])

[1]) Ueber die örtliche Zuständigkeit bestimmt § 17 Abs. 2—5 Gew.St.G.:

„Die Besteuerung erfolgt in dem Veranlagungsbezirke, in welchem das Gewerbe betrieben wird.

Findet der Betrieb in mehreren Veranlagungsbezirken statt, so erfolgt die Besteuerung in dem Bezirke, in welchem die Geschäftsleitung des Unternehmens ihren Sitz oder der in § 2 Abs. 2 erwähnte Vertreter seinen Wohnsitz hat.

Dasselbe gilt, wenn mehrere Gewerbe von derselben Person betrieben werden.

Erforderlichenfalls bestimmt der Finanzminister endgiltig den Veranlagungsbezirk, in welchem die Besteuerung stattzufinden hat."

Vgl. hierzu A.A. v. 4. Nov. 1895 Art. 30.

[2]) Nach der Bekanntmachung des Finanzministers v. 11. Juli 1892 — II 8697 — und der in Abänderung derselben erlassenen Verfügung desselben v. 22. Oktober 1894 — II 13834 — bilden gegenwärtig je einen Veranlagungsbezirk der Klasse I: a) die Provinzen Ostpreußen, Westpreußen, Brandenburg, Pommern, Posen, Schleswig-Holstein, Hannover und die Stadt Berlin, mit dem Sitz des Steuerausschusses in Königsberg bezw. Danzig, Potsdam, Stettin, Posen, Schleswig, Hannover und Berlin; b) die zu je einem Ver-

anlagungsbezirke vereinigten Regierungsbezirke Merseburg und Erfurt, Münster und Minden, Coblenz und Trier (Coblenz, Trier und Aachen) mit dem Sitze des Steuerausschusses in Merseburg bezw. Münster und Coblenz; c) jeder der nachbenannten Regierungsbezirke für sich: Breslau, Liegnitz, Oppeln, Magdeburg, Arnsberg, Cassel, Wiesbaden, Aachen, Düsseldorf und Cöln mit dem Sitze des Steuerausschusses am Sitz der Regierung. Die Zahl der Mitglieder ist durch die Bekanntmachung des Finanzministers v. 11. Juli 1892 bestimmt für die Veranlagungsbezirke Berlin und Hannover auf 12, Königsberg, Danzig, Posen, Liegnitz, Oppeln und Cassel auf 6, für die übrigen auf 9.

Zwei Drittel der Mitglieder werden für 3 Jahre von dem Provinzialausschuß, in Berlin vom Magistrat und der Stadtverordnetenversammlung in gemeinschaftlicher Sitzung aus „den Gewerbetreibenden des Bezirks“ — es ist also nicht nothwendig, daß sie der Klasse I angehören — gewählt. Ein Drittel der Mitglieder und den Vorsitzenden ernennt der Finanzminister; die ernannten Mitglieder brauchen also weder Gewerbetreibende zu sein noch dem Veranlagungsbezirk anzugehören. Vgl. Gew.St.G. § 10 und die Anmerkungen hierzu bei Falkmann u. Strutz a. a. O. S. 80 und A.A. v. 4. Nov. 1895 Art. 20, 21.

[3]) Es ist also in das Belieben des Ministers gestellt. Ob die Verstärkung nöthig erscheint, wird hauptsächlich von der Zahl der Waarenhaussteuerpflichtigen und der Zusammensetzung des Ausschusses abhängen. Macht der Minister von der Ermächtigung Gebrauch, so muß er die Verstärkung um zwei Mitglieder anordnen; er kann nicht die Verstärkung nur um ein gewähltes oder ein ernanntes Mitglied anordnen.

[4]) Die beiden Mitglieder haben also nur bei der Veranlagung der Waarenhaussteuer mitzuwirken, nicht auch bei der Veranlagung der Waarenhaussteuerpflichtigen zur Gewerbesteuer. Es dürfte aber nicht unzulässig sein, sie dieser ohne Stimmrecht beiwohnen zu lassen.

[5]) Vgl. Anm. 2.

§. 9.[1])

Jeder bereits zur Waarenhaussteuer veranlagte[2]) Gewerbetreibende ist auf die jährlich durch öffentliche Bekanntmachung ergehende Aufforderung des Vorsitzenden des nach §. 8 zuständigen Steuerausschusses verpflichtet, die Höhe seines steuerpflichtigen Jahresumsatzes anzugeben. Diese Erklärungen sind innerhalb der auf mindestens 14 Tage zu bemessenden Frist[3]) nach den vom Finanzminister vorgeschriebenen, kostenlos zu verabfolgenden Formularen bei dem im ersten Satze bezeichneten Vorsitzenden des Steuerausschusses schriftlich oder zu Protokoll[4]) unter der Versicherung abzugeben, daß die Angaben nach bestem Wissen und Gewissen gemacht sind.[5])

Andere[6]) Gewerbetreibende sind zur Abgabe einer solchen Erklärung verpflichtet, sobald eine besondere Aufforderung des im Abs. 1 bezeichneten Vorsitzenden des Steuerausschusses[7]) an sie ergeht.[8]) [9])

Die Erklärungen (Abs. 1 und 2) sind geheim aufzubewahren.[10])

Der §. 56 des Gewerbesteuergesetzes vom 24. Juni 1891 findet auf diese Erklärungen sinngemäße Anwendung.[11])

[1]) Der § 9 Abs. 1 und 2 ist den §§ 24 und 25 des Einkommensteuergesetzes nachgebildet. Vgl. die Anmerkungen zu diesen §§ bei Fuisting, Eink. St.G. S. 232—236.

[2]) Gleichviel, ob die Veranlagung schon rechtskräftig geworden ist, und ob sie nach § 1, § 3, § 5 oder § 7 erfolgt ist. Vgl. auch unten Anm. 11.

[3]) Der Steuerpflichtige bezw. dessen Vertreter ist bei Vermeidung des Rechtsnachtheils des § 11 dafür verantwortlich, daß die Erklärung fristmäßig bei der zuständigen Stelle eingeht; die Einreichung bei einer andern Stelle enthält keine Erfüllung der ihm obliegenden Verpflichtung, falls die Beförderung der Erklärung an die zuständige Stelle nicht rechtzeitig erfolgt. Eine Verlängerung der Frist für Abwesende, wie im § 79 E.St.G. ist in diesem Gesetze nicht ausgesprochen. Die Frist kann aber von dem Vorsitzenden des Steuerausschusses verlängert und die Versäumniß nach § 11 entschuldigt werden.

[4]) Der Steuerpflichtige bezw. dessen Vertreter hat ein Recht auf protokollarische Abgabe der Erklärung bei dem im Gesetz bezeichneten Vorsitzenden oder dessen Stellvertreter. Wird ihm die Möglichkeit hierzu nicht gewährt, so kann ihn der Rechtsnachtheil des § 11 nicht treffen.

[5]) Erklärungen ohne diese Versicherung sind ungültig.

[6]) „Andere“, also alle nicht bereits für das z. B. der öffent-

lichen Aufforderung laufende Steuerjahr zur Waarenhaussteuer veranlagten Gewerbetreibenden, gleichviel ob sie zur Gewerbesteuer veranlagt sind oder nicht.

7) Die Aufforderung ist stets von dem gedachten Vorsitzenden bezw. seinem Stellvertreter zu erlassen, auch wenn sie auf einem Beschlusse des Steuerausschusses beruht.

8) Das Gesetz enthält eine Bestimmung wie der zweite Satz des § 25 Eink.St.G. („Sie sind, falls letzteres nicht geschieht, auf ihr Verlangen zur Abgabe einer Steuererklärung innerhalb der im § 24 bestimmten Frist zuzulassen") nicht. Damit ist aber nicht ausgeschlossen, daß Gewerbetreibende zu solchen freiwilligen Erklärungen zugelassen werden.

9) Die Veranlagung eines weder nach Abs. 1 noch nach Abs. 2 zur Steuererklärung Aufgeforderten ist unzulässig, auch in den Fällen des §. 7.

10) Entspricht dem § 52 Abs. 8 zweiten Satz Eink.St.G.

11) § 56 Gew.St.G.:

„Die nach den §§ 52 bis 55 den Gewerbetreibenden obliegenden Verpflichtungen sind:

1. für Personen, welche unter väterlicher Gewalt, Pflegschaft oder Vormundschaft stehen, von deren Vertretern,
2. für Gewerbebetriebe der Gesellschaften, Genossenschaften, juristischen Personen, Vereine u. s. w. von den in §§ 18 und 19 beziehungsweise § 2 Abs. 2 bezeichneten Personen

zu erfüllen."

In dem Falle des § 7 hat der Inhaber jedes einzelnen Betriebes seinen Umsatz zu deklariren.

§. 10.

Bei der Veranlagung darf von den Angaben in der Erklärung (§. 9) nur abgewichen werden, nachdem dem betreffenden Steuerpflichtigen Gelegenheit mit mindestens 14tägiger Frist zur Aeußerung über die obwaltenden Bedenken gegeben worden ist.[1])

Zum Zwecke der Prüfung der Erklärung ist der Steuerpflichtige auf Beschluß des Steuerausschusses auch verpflichtet, seine Geschäftsbücher vorzulegen.[2])[3])

1) Der Abs. 1 entspricht dem § 38 Abs. 1—3 Eink.St.G. Doch ist der Grundsatz, daß von einer Steuererklärung nur nach erfolgter ordnungsmäßiger Beanstandung und nur hinsichtlich der beanstandeten Punkte abgewichen werden darf, hier klarer als im Eink.St.G. gesetzlich festgelegt. Andererseits ist hier, wohl mit Vorbedacht,

das Wort „Beanstandung“ nicht gebraucht. Vgl. die Erläuterungen zu § 38 Eink.St.G. bei Fuisting S. 260—274.

²) Diese Verpflichtung besteht weder nach Eink.St.G. noch nach Gew.St.G. Hier ist sie wegen der besondern Art und Höhe der Steuer nicht zu entbehren; Zweifel über die Höhe des Umsatzes werden sich meist nur durch Einsicht in die Geschäftsbücher heben lassen. Zur Offenbarung von Geschäftsgeheimnissen, die nicht in den Geschäftsbüchern enthalten sind, ist der Steuerpflichtige nicht verpflichtet, da § 27 Abs. 2 Gew.St.G. nach § 13 auf die Waarenhaussteuer Anwendung findet.

Die Vorlegung der Bücher kann nur vom Steuerausschuß, nicht auch von dessen Vorsitzendem gefordert werden „Eine Bestrafung wegen Nichterfüllung dieser Auflage findet ebenso wenig statt, wie wegen Nichtabgabe von Erklärungen auf die Beanstandung. Nur unrichtige Erklärungen unterliegen nach § 13 Abs. 3 der Bestrafung. Begr. S. 26. Dagegen treffen die Rechtsnachtheile des § 11 auch die Nichtvorlegung der Bücher.

Die in §§ 25 und 26 Gew.St.G. den Steuerausschüssen bezw. deren Vorsitzenden beigelegten sonstigen Befugnisse stehen ihnen nach § 14 Abs. 1 auch in Ansehung der Waarenhaussteuer zu.

³) „Vorzulegen“, nicht auch aus seiner Gewahrsam zu geben.

§. 11.[1])

Wer die ihm nach §. 9 obliegende[2]) Erklärung nicht innerhalb der vorgeschriebenen Frist abgiebt oder den auf Grund der Vorschrift §. 10 an ihn gerichteten Aufforderungen[3]) nicht Folge leistet, verliert die gesetzlichen Rechtsmittel gegen seine Veranlagung zur Waarenhaussteuer[4]) für das betreffende Steuerjahr, insofern nicht Umstände dargethan werden, welche die Versäumniß entschuldbar machen.[5])

¹) Nach § 11 soll „nicht nur, wie bei der Einkommensteuer, Nichtabgabe der Steuererklärung innerhalb der vorgeschriebenen Frist, sondern auch Unterlassung der nach § 10 geforderten Erklärung oder Büchervorlegung den Verlust der Rechtsmittel zur Folge haben. Bei den erheblichen Steuerbeträgen, um die es sich bei der Waarenhaussteuer handelt, und bei der Schwierigkeit der Feststellung des Umsatzes ohne Mitwirkung des Steuerpflichtigen kann es nicht in seine Hand gelegt werden, nachdem er durch Versagung seiner Mitwirkung eine unrichtige Veranlagung selbst verschuldet hat, dieselbe, wenn sie ihm nachtheilig ist, anzufechten.

Ohne die Gefahr des Verlustes der Rechtsmittel würde der Steuerpflichtige versucht sein, die nach § 9 an ihn ergehenden Aufforderungen unbeachtet zu lassen, um abzuwarten, ob nicht vielleicht der Steuerausschuß seinen Umsatz unterschätzt." Begr. S. 26.

[2]) Die ihm „obliegende" Erklärung ist nur eine solche in der vorgeschriebenen Form. Abgabe der Erklärung unter Verletzung wesentlicher Formvorschriften ist keine Erfüllung der Obliegenheit des § 9 und schließt daher die Rechtsnachtheile des § 11 nicht aus. Vgl. die Bemerkung zu § 30 Abs. 1 Eink.St.G. bei Fuisting S. 239—242.

[3]) Innerhalb der „mindestens 14tägigen Frist."

[4]) Eine nochmalige Aufforderung zur Abgabe der Erklärung des § 9 ist nicht vorgeschrieben und daher auch auf die Nichtbeachtung einer solchen nicht, wie durch § 30 Abs. 2 und 3 Eink.St.G. ein weiterer Rechtsnachtheil gesetzt.

[5]) Die Entscheidung darüber, ob derartige Umstände vorlagen, steht der über das, eventuell nicht zulässige, Rechtsmittel entscheidenden Behörde zu. Vgl. A.H. Komm.B. z. Eink.St.G. S. 39.

§. 12.[1])

Gewerbetreibende, welche im Laufe des Steuerjahrs den Kleinhandel mit mehr als einer der im §. 6 unterschiedenen Waarengruppen anfangen oder auf mehr als eine dieser Waarengruppen ausdehnen,[2]) oder eine nach §. 3 der Waarenhaussteuer unterliegende Verkaufsstelle in Preußen errichten, haben hiervon, wenn nicht nach den Verhältnissen des Betriebs von vornherein ausgeschlossen ist, daß der Gesammtumsatz[3]) die waarenhaussteuerpflichtige Höhe[4]) erreicht,[5])[6]) der von dem Finanzminister zu bestimmenden Behörde[7]) vorher oder gleichzeitig Anzeige zu machen.

Die im Laufe eines Steuerjahrs erfolgende Beschränkung des Kleinhandels eines zur Waarenhaussteuer veranlagten Betriebs auf nur eine der im §. 6 unterschiedenen Waarengruppen oder auf Waaren, welche keiner derselben angehören, ändert an der veranlagten Waarenhaussteuer nichts.

[1]) Die Begründung bemerkt zum § 12, nach dem Entwurfe § 11: „Erfahrungsmäßig ist der Absatz in den meisten Zweigen des Detailhandels in den einzelnen Zeiten des Jahres verschieden, so insbesondere in der Zeit vor Weihnachten besonders stark, in der Sommerzeit an Orten, die nicht beliebte Reiseziele bilden, besonders schwach. Es liegt daher, namentlich wenn hiermit die Möglichkeit verknüpft ist, die hohe Waarenhaussteuer zu ersparen, für manche Geschäfte nicht fern, sich nur zeitweilig, etwa in der Weihnachtszeit, auf mehr als eine Waarengruppe auszudehnen. Mit derselben Eventualität ist gegenüber den besonders gefährlichen Ramschbazaren zu rechnen, die vielleicht heute eine verschiedenen Branchen angehörige Konkursmasse aufkaufen, diese in wenigen Wochen oder Monaten absetzen und dann wieder, bis sich eine neue gleiche Gelegenheit bietet, sich auf eine Branche beschränken.

Der § 11 trifft deshalb Bestimmungen, welche es unmöglich machen, sich durch eine solche Geschäftspraxis der Waarenhaussteuer zu entziehen."

[2]) Nur die Ausdehnung eines bisher auf eine Waarengruppe beschränkten Kleinhandels ist anzeigepflichtig, nicht auch diejenige eines bisher schon mit zwei oder drei Gruppen betriebenen auf eine dritte oder vierte, mag auch erst durch diese Ausdehnung der Umsatz die steuerpflichtige Höhe erreichen.

[3]) „Gesammtumsatz", d. i. der Umsatz im Kleinhandel mit Waaren der im § 6 unterschiedenen Gruppen.

[4]) Also nach § 1 mehr als 400000 Mk.; bei Betrieben der in § 3 bezeichneten Art ist der Anmeldepflicht zu genügen, mag der zu erwartende Umsatz noch so gering sein.

[5]) Unter welchen Voraussetzungen dieser Vorbehalt Platz greift, wird in der zu erlassenden Ausführungsanweisung näher zu erläutern sein. Soweit diese keinen bestimmten Anhalt bieten sollte, muß bei einem wegen unterlassener Anmeldung nach § 13 Abs. 2 eingeleiteten Strafverfahren von Fall zu Fall geprüft werden, ob der Gewerbetreibende annehmen konnte, daß von vornherein „ausgeschlossen" sei, „daß der Gesammtumsatz die waarenhaussteuerpflichtige Höhe erreicht".

[6]) Liegen die Voraussetzungen des § 1 Abs. 3 vor, so wird gleichwohl der Anzeigepflicht zu genügen sein, da dieselbe nach dem Wortlaut des Gesetzes für alle Gewerbetreibenden vorgeschrieben ist, die den Kleinhandel mit mehr als einer Waarengruppe anfangen u. s. w. Zweifelhaft kann es dagegen sein, ob und inwieweit eine Anmeldepflicht auch für unter § 1 Abs. 4 fallende Unternehmungen begründet ist. Bezüglich der nach § 5 Gew.St.G. von der Gewerbesteuer Befreiten, läßt sich für die Verneinung geltend machen, daß

diese Unternehmungen kein Gewerbe betreiben, während bezüglich der nach § 3 Gew.St.G. Befreiten die Frage zu bejahen sein dürfte. Jedenfalls werden auch die nach § 5 Gew.St.G. gewerbesteuerfreien Unternehmungen gut thun, die Anmeldung zu machen.

[7]) In Betracht kommen dürften die Gemeindebehörde und der Vorsitzende des örtlich zuständigen Steuerausschusses der Klasse IV.

§. 18.[1])

Soweit in dem Vorstehenden nicht ein Anderes bestimmt ist, finden auf die Waarenhaussteuer hinsichtlich der Veranlagung, der Rechtsmittel, der Zerlegung der Steuersätze, der Zu- und Abgänge, der Abmeldungen, der Befugnisse der Steuerausschüsse und ihrer Vorsitzenden, der den Gewerbetreibenden und ihren Vertretern obliegenden Verpflichtung zur Auskunftsertheilung, der Nachbesteuerung, der Ausfälle, des Erlasses und der Ermäßigung veranlagter Steuerbeträge, sowie der Oberaufsicht die für die Gewerbesteuerklasse I geltenden Vorschriften §§ 17 bis 21, 25, 26, 27 Abs. 2, 3, §§. 30 bis 38, 42 bis 53, 58, 76 bis 78 des Gewerbesteuergesetzes vom 24. Juni 1891 (Gesetz-Samml. S. 205)[2]) sowie §§. 9, 10 Abs. 2, §. 11 Abs. 1, 2, §. 14 Abs. 1, 2, §. 15 Abs. 1 des Gesetzes wegen Aufhebung direkter Staatssteuern vom 14. Juli 1893 (Gesetz-Samml. S. 119)[3]) sinngemäße Anwendung.

Die in den §§. 54 und 56 des Gewerbesteuergesetzes den Gewerbetreibenden und ihren Vertretern auferlegte Verpflichtung zur Auskunftsertheilung erstreckt sich fortan für alle Gewerbetreibenden, welche den Kleinhandel betreiben,[4]) auch auf die Angabe, mit welchen Waarengattungen[5]) dies geschieht.

Die Strafbestimmungen in den §§. 70 und 71 Nr. 1 des Gewerbesteuergesetzes[6]) sind auch auf die durch das gegenwärtige Gesetz den Gewerbetreibenden und ihren Vertretern auferlegte Verpflichtung zur Anmeldung und zur Abgabe von Erklärungen entsprechend anzuwenden. Ingleichen finden die §§. 71 Nr. 2, 72 und 73 a. a. O.[7]) bei der Waarenhaussteuer sinngemäße Anwendung.

[1]) § 13 schreibt die analoge Anwendung der auf die Veranlagung, die Rechtsmittel u. s. w. bezüglichen formellen Vorschriften des Gewerbesteuergesetzes sowie derjenigen über die Verpflichtung der Steuerpflichtigen zur Auskunftsertheilung und der Strafbestimmungen dieses Gesetzes mit den erforderlichen Modifikationen vor. Die Zerlegung der Waarenhaussteuer wird, abgesehen von dem § 7, unter denselben Voraussetzungen wie die der Gewerbesteuer erforderlich. Naturgemäß muß sie unter Anwendung desjenigen Maßstabes erfolgen, nach dem die Steuer veranlagt ist, also des Umsatzes bezw., sofern die Steuer gemäß § 5 auf 20% des Ertrages festgesetzt ist, auch diesen. In Anbetracht der Bedeutung der geführten Waarenbranchen für die Steuerpflicht ist die ausdrückliche Ausdehnung der in den §§ 54 und 56 des Gewerbesteuergesetzes den Steuerpflichtigen und ihren Vertretern auferlegten Verpflichtungen zur Auskunfsertheilung auf jenes Merkmal mindestens zur Ausschließung von Zweifeln zweckmäßig, da es zweifelhaft sein kann, ob die Branchen zu den „äußerlich erkennbaren" Merkmalen im Sinne des § 54 a. a. O. gerechnet werden können. Eine nothwendige Konsequenz dieser Ausdehnung der Verpflichtungen des Streuerpflichtigen ist die im 3. Absatz vorgesehene analoge Anwendung der gegen die Verletzung derselben getroffenen Strafbestimmungen. Vgl. Begr. S. 22.

[2]) Vgl. Art. 2, 30, 12, 27, 3, 19, 22, 23, 27, 31, 32, 34, 35, 39, 24, 33, 36, 40, 28, 47, 48, 42, 43, 44, 45, 53, 46, 49, 21, 25, 26, 28, 52 der A.A. v. 4. Nov. 1895 zum Gew.St.G. und die Erläuterungen zu den im Gesetz allegirten Paragraphen des Gew.St.G. bei Falkmann und Strutz a. a. O.

[3]) Die allegirten Bestimmungen des Gesetzes wegen Aufhebung direkter Staatssteuer lauten:

§ 9.

„Zum Bezuge von Nachsteuern (Gebäudesteuergesetz vom 21. Mai 1861, § 17 Absatz 4, Gesetz vom 8. Februar 1867, § 34 Absatz 4; Gesetz vom 11. Februar 1870, § 1; Gewerbesteuergesetz vom 24. Juni 1891, §§ 70, 78) ist diejenige Gemeinde berechtigt, welcher nach den Bestimmungen des Kommunalabgabengesetzes das entsprechende Steueraufkommen zusteht"

§ 10 Abs. 2.

„Das Aufhören eines steuerpflichtigen Gewerbes ist nicht der Hebestelle (§ 58 Absatz 1 a. a. O.), sondern dem Vorsitzenden des für die Veranlagung zuständigen Steuerausschusses anzuzeigen."

§ 11 Abs. 1 und 2.

„Die Hebung und Beitreibung der Grund-, Gebäude- und Gewerbesteuer liegt derjenigen Gemeinde ob, welche nach den Bestimmungen des Kommunalabgabengesetzes zum Bezuge des entsprechenden Steueraufkommens berechtigt ist.

Die Ausfälle treffen die Gemeindekasse. Die Ermächtigung zum Erlasse und zur Ermäßigung veranlagter Steuern (Gesetz, betreffend den Erlaß oder die Ermäßigung der Grundsteuer in Folge von Ueberschwemmungen, vom 15. April 1889, § 1 Nr. 1 — Gesetz-Samml. S. 99 —, Gewerbesteuergesetz vom 24. Juni 1891, §§ 44, 45) geht auf die Gemeinden über."

§ 14 Abs. 1 und 2.

„Die Kosten der Veranlagung und der Verwaltung der Steuern (§ 3 Absatz 2, § 4) werden, soweit sie nicht durch die den Gemeinden hierbei übertragenen Geschäfte entstehen, aus der Staatskasse bestritten.

Das Aufkommen an Gebühren, Kosten und Strafen im Bereiche der Grund-, Gebäude- und Gewerbe- (Betriebs-) Steuer fließt in die Staatskasse."

§ 15 Abs. 1.

„Die Kosten der Hebung und Beitreibung der Steuern (§§ 11, 13) sind von den Gemeinden zu tragen."

Vgl. hierzu die Erläuterungen bei Strutz „Das Gesetz wegen Aufhebung direkter Staatssteuern" (Heymann's Verlag 1894).

[4]) Gleichviel, ob mit keiner, einer oder mehreren der im § 6 unterschiedenen Waarengruppen, und gleichviel, ob von vornherein ein Umsatz von waarenhaussteuerpflichtiger Höhe ausgeschlossen ist oder nicht.

[5]) „Waarengattungen" sind ein engerer Begriff als „Waarengruppen" im Sinne des § 6. „Waarengattungen" sind z. B. die im § 6 in den einzelnen Gruppen einzeln aufgeführten.

[6]) Vgl. A.A. v. 4. Nov. 1895 Art. 51 und Falkmann u. Strutz a. a. O. S. 147—152.

[7]) Vgl. A.A. v. 4. Nov. 1895 Art. 51 und Falkmann u. Strutz a. a. O. S. 151—155.

§. 14.

Die Veranlagung zur allgemeinen Gewerbesteuer nach dem Gesetze vom 24. Juni 1891 und zu besondern auf

Grund des §. 28 des Kommunalabgabengesetzes vom 14. Juli 1893 eingeführten Gewerbesteuern wird durch die Waarenhaussteuer nicht berührt.[1]) Die empfangsberechtigte Gemeinde hat aber die Waarenhaussteuer nur so weit zu erheben, als sie die von ihr nach §. 29 oder §. 30 des Kommunalabgabengesetzes von dem der Waarenhaussteuer unterliegenden Betrieb[2]) erhobene Gewerbesteuer übersteigt.[3]) Erstreckt sich die Gewerbesteuerveranlagung auf mehrere Betriebe, die nicht sämmtlich der Waarenhaussteuer unterliegen, so ist der auf die waarenhaussteuerpflichtigen Betriebe entfallende Theilbetrag der Gewerbesteuer unter sinngemäßer Anwendung der Vorschriften im §. 38 des Gewerbesteuergesetzes vom 24. Juni 1891 und §. 32 des Kommunalabgabengesetzes festzustellen.[4])

Die Waarenhaussteuer ist von den Gemeinden (Gutsbezirken) in vierteljährlichen Beträgen zu erheben. Die Bestimmung des §. 40 und §. 41 des Gewerbesteuergesetzes findet auch auf die Waarenhaussteuer Anwendung.[5])

Das Aufkommen an Waarenhaussteuer[6]) ist von den Gemeinden, soweit dieselben zur Deckung ihrer Ausgaben von den nach den Vorschriften des Gewerbesteuergesetzes in den Steuerklassen III und IV veranlagten Gewerbetreibenden Prozente der vom Staate veranlagten Gewerbesteuer oder eine besondere Gewerbesteuer erheben, zur Erleichterung der von diesen Steuerklassen zu erhebenden Prozente beziehungsweise Steuer,[7]) anderenfalls[8]) zur Bestreitung von Gemeindebedürfnissen[9]) vorzugsweise im Interesse der kleineren Gewerbetreibenden[10]) zu verwenden.[11]) Eine Anrechnung der Waarenhaussteuer auf den nach den §§. 54 bis 57 des Kommunalabgabengesetzes durch besondere Gemeindegewerbesteuern oder Prozente der vom Staate veranlagten Gewerbesteuer aufzubringenden Theil des Steuerbedarfs findet nicht statt.[12])

Die Gutsbezirke haben die erhobenen Beträge an Waarenhaussteuer am Schlusse eines jeden Vierteljahrs an die Kreiskommunalkasse abzuführen.[13]) Die Kreise haben diese Beträge vorzugsweise im Interesse der kleineren Gewerbetreibenden zu verwenden.[14])

[1]) Die waarenhaussteuerpflichtigen Betriebe sind also nicht nur nach wie vor nach dem Gew.St.G. zu veranlagen, sondern sie müssen auch, soweit die Gemeinde überhaupt auf Grund der §§ 29 oder 30 K.A.G. Gewerbesteuern, sei es in Prozenten der vom Staate veranlagten Gewerbesteuer, sei es auf Grund einer Steuerordnung, erhebt, hierzu entweder nach § 29 oder nach § 30 K.A.G. herangezogen werden, da sie nach wie vor zu den Betrieben gehören, die nach § 28 K.A.G. der Gewerbesteuer unterliegen, und die Gemeinden nach § 31 a. a. O. nur berechtigt sind, eine verschiedene Abstufung der Gewerbesteuersätze und Prozente, nicht aber eine Befreiung einzelner nach § 28 a. a. O. steuerpflichtiger Betriebe eintreten zu lassen. Wie es dagegen ohnhin zulässig ist, daß eine Gemeinde einen Theil der Gewerbebetriebe auf Grund des § 29 a. a. O. zu einer besondern Gemeindegewerbesteuer, einen andern zu Prozenten der staatlich veranlagten Gewerbesteuer heranzieht, so kann sie z. B. auch die übrigen Gewerbebetriebe nach § 29 a. a. O., die waarenhaussteuerpflichtigen aber mit Rücksicht auf die Waarenhaussteuer in Prozenten der staatlich veranlagten Gewerbesteuer zu ihrer Gewerbesteuer heranziehen. Ebenso kann sie auf Grund des § 29 a. a. O. für die unter das Waarenhaussteuergesetz fallenden Betriebe allein oder für einen weitern Kreis von Kleinhandelsbetrieben, insbesondere z. B. unter Herabsetzung der Steuergrenze auf niedrigere Umsatzhöhen als 400000 Mk. oder unter Ausdehnung auf Spezialgeschäfte eine besondere Gemeindegewerbesteuer einführen, die natürlich der Genehmigung und Zustimmung nach § 77 K.A.G. bedarf. Beschränkt ist diese Autonomie der Gemeinden nur nach Maßgabe des 2. Satzes des 1. Absatzes und des 1. Satzes des 2. Absatzes des § 14 W.St.G. Vgl. unten Anm. 3.

[2]) Vgl. unten Anm. 4.

[3]) Aus dem 2. Satze des 1. Absatzes in Verbindung mit dem

1. Satze des 2. Absatzes ergiebt sich zweierlei: 1. die Gemeinde muß unter allen Umständen, mag sie im Uebrigen die Gewerbebetriebe zu Gemeindeabgaben heranziehen oder nicht, von den unter das Waarenhaussteuergesetz fallenden Betriebe den nach diesem Gesetz veranlagten Betrag erheben; sie kann also nicht beschließen, die Waarenhaussteuer ganz oder theilweise unerhoben zu lassen. 2. Erhebt die Gemeinde aber Gewerbesteuer, so muß sie nach dem in Anm. 1 Ausgeführten hierzu zwar auch die waarenhaussteuerpflichtigen Betriebe heranziehen. Sie darf aber dann von ihnen nicht die Summe der Waarenhaussteuer plus der — in Prozenten der nach dem Gew.St.G. oder auf Grund einer Steuerordnung nach § 29 K.A.G. veranlagten — Gemeindegewerbesteuer erheben, sondern sie muß den höheren dieser beiden Steuerbeträge erheben. Ist dies die Gemeindegewerbesteuer, so bleibt die Waarenhaussteuer von dem betreffenden Betriebe unerhoben; ist dagegen die Waarenhaussteuer höher, so wird deren Betrag erhoben, aber als Waarenhaussteuer nur derjenige Betrag, um den die veranlagte Waarenhaussteuer die veranlagte Gemeindegewerbesteuer übersteigt, das Uebrige als Gemeindegewerbesteuer, die also stets unverkürzt zur Hebung gelangt. Sind z. B. die Waarenhäuser A, B und C zur Waarenhaussteuer mit 4000, 7500 und 15 000 Mk., zur Gemeindegewerbesteuer auf Grund des § 29 K.A.G. mit 4000, 8000 und 13 000 Mk. veranlagt, so werden erhoben von A 4000 Mk Gemeindegewerbesteuer, von B 8000 Mk. Gemeindegewerbesteuer und von C 13 000 Mk. Gemeindegewerbesteuer und 2000 Mk. Waarenhaussteuer.

[4]) Besitzt also der Steuerpflichtige neben dem Waarenhause noch andere gewerbliche Betriebe, die auf Grund des § 17 Gew.St.G. einheitlich mit jenem zur Gewerbesteuer veranlagt sind, so ist der auf das Waarenhaus entfallende Theilbetrag des Gewerbesteuersatzes auf dem Wege des § 38 Gew.St.G. bezw. § 32 K.A.G. zu ermitteln; nur um diesen wird die als solche zu erhebende Waarenhaussteuer nach dem 2. Satze gekürzt; um den nicht auf das Waarenhaus entfallenden Theilbetrag der Gewerbesteuer kann somit die Gesammtsteuerleistung die Waarenhaussteuer auch dann übersteigen, wenn die letztere höher ist als die Gewerbesteuer. Ist der Steuerpflichtige z. B. zu einer Waarenhaussteuer von 7 500 Mk., dagegen zu einer Gewerbesteuer von 5 420 Mk. veranlagt, wovon aber nur 2 400 Mk. auf den Waarenhausbetrieb, 3020 Mk. dagegen auf andere Betriebe entfallen, so sind zu erheben an Gewerbesteuer 5 420 Mk., an Waarenhaussteuer nicht 7 500 — 5 420, sondern 7 500 — 2 400 = 5 100 Mk., zusammen also nicht 7 500, sondern 10 520 Mk.

[5]) § 40 Gew.St.G. schließt den Suspensiveffekt der Rechtsmittel aus, § 41 ordnet die Umschreibung der Steuer bei unveränderter Fortsetzung des Betriebes durch eine andere Person und die solidarische Haftung des Verpächters mit dem Pächter eines Gewerbes für die Steuer an.

[6]) „Aufkommen an Waarenhaussteuer“ ist nach Abs. 1 — vgl. oben Anm. 3 und 4 — nur derjenige Betrag, um den die veranlagte Waarenhaussteuer die von den waarenhaussteuerpflichtigen Betrieben zu erhebende Gewerbesteuer übersteigt. Vgl. H.H. Sten.B. S. 268.

[7]) Die Regierungsvorlage enthielt vor „Erleichterung“ das Wort „gleichmäßigen.“ Dieses wurde im A.H. gestrichen, um zu ermöglichen, daß die Klasse IV vorzugsweise oder ausschließlich erleichtert werde. Die allgemeine Fassung der Bestimmung würde aber auch einer vorzugsweisen oder ausschließlichen Erleichterung der Klasse III nicht im Wege stehen, ebensowenig der Erleichterung in verschiedenen prozentualen Abstufungen nach der Höhe der Steuersätze oder nach der Art des Gewerbebetriebes. Dagegen würde unzulässig sein die Erleichterung einzelner individuell bezeichneter Betriebe. Die Erleichterung hat, soweit die Mittel reichen, bis zur völligen Freistellung der Klasse III und IV zu gehen.

[8]) „Andernfalls“, also nur nachdem die beiden Gewerbesteuerklassen völlig von der Gewerbesteuer befreit sind. A.H. Komm.B. S. 36.

[9]) „Gemeindebedürfniß“ ist jede in den Gemeindehaushaltsetat eingestellte Ausgabe.

[10]) Z. B. zur Unterhaltung oder Unterstützung von Fachschulen, auch zur Unterstützung des Genossenschaftswesens.

[11]) Der Beschluß über die Verwendung bedarf einer Genehmigung oder Zustimmung der Aufsichtsbehörden nicht, wird daher von diesen nur als Incidentpunkt bei Genehmigung der Steuervertheilung nach §§ 54 ff. K.A.G. oder durch Anweisung des Gemeindevorstandes auf dem Wege des § 15 bezw. 29 des Landesverwaltungsgesetzes v. 30. Juli 1883 beanstandet werden können.

[12]) Eine solche Anrechnung verbietet sich, soweit das Aufkommen an Waarenhaussteuer zur Erleichterung der Gewerbesteuerklassen III und IV zu verwenden ist, schon deshalb, weil es insoweit das Gewerbesteuersoll der Gemeinde nicht erhöht; soweit es aber zu Veranstaltungen im Interesse der kleineren Gewerbetreibenden Verwendung finden soll, würde die Einrechnung in den Steuerbedarf die Neigung der Gemeinden dazu, mit Rücksicht auf diese neue Einnahme erhöhte Aufwendungen für die gedachten Zwecke zu machen, beeinträchtigen.

[13]) Da in den Gutsbezirken Steuern für die Zwecke des Gutsbezirks nicht erhoben werden.

[14]) Sie sollen sie also nicht lediglich zur Herabminderung der Kreisabgaben im Allgemeinen verwenden; wohl aber würde es mit der Bestimmung verträglich sein, wenn die Beträge zur Erleichterung der von den kleineren Gewerbetreibenden zu erhebenden Kreisabgaben Verwendung finden. Einer Genehmigung bedarf der Verwendungsbeschluß nicht.

§. 15.

Die Waarenhaussteuer wird zum ersten Mal für das Rechnungsjahr 1901 erhoben.[1])

[2])Die bei Veröffentlichung dieses Gesetzes[3]) bereits bestehenden Waarenhäuser[4]) haben die Steuer für das Rechnungsjahr 1901 nur zur Hälfte zu entrichten.[5])

[1]) In Kraft getreten ist das Gesetz nach der allgemeinen Vorschrift des Gesetzes v. 16. Febr. 1874 (G.S S. 23) mit dem vierzehnten Tage nach dem Ablauf desjenigen Tages, an welchem das dasselbe enthaltende Stück der Gesetz-Sammlung in Berlin ausgegeben worden ist, also am 18. August 1900.

[2]) Dieser Absatz ist vom H.H. hinzugefügt. Vgl. H.H. Sten.B. S. 271.

[3]) Also am 4. August 1900.

[4]) „Bei Veröffentlichung dieses Gesetzes bereits bestehende Waarenhäuser" sind nur Betriebe, die am 4. August 1900 den Kleinhandel mit mehr als einer der im § 6 unterschiedenen Waarengruppen betrieben und, sofern sie sich über mehrere Orte erstreckten, in den Verkaufsstätten eines und desselben Ortes oder unmittelbar benachbarter Orte mehr als eine dieser Gruppen führten. Betrieben, die zu diesem Zeitpunkt nur eine Gruppe führten oder doch, wenn das Gesetz an diesem Tage in Kraft getreten wäre, nach § 1 Abs. 3 steuerfrei geblieben wären, steht, wenn sie demnächst vor der Veranlagung für 1901 den Kleinhandel auf mehr als eine Gruppe ausdehnen oder eine Veränderung treffen, vermöge deren sie nach § 1 Abs. 3 nicht mehr steuerfrei sind, die Begünstigung des § 15 Abs. 2 nicht zu, ebensowenig erst nach dem gedachten Zeitpunkt errichteten oder auf eine zweite Waarengruppe erstreckten Filialen außerpreußischer Geschäfte, mochte das außerpreußische Geschäft auch schon vor dem 4. August 1900 bestehen. Dagegen kommt es nicht darauf an, ob das Geschäft schon am 4. August 1900 einen Umsatz von steuerpflichtiger Höhe hatte. Ebensowenig wird die Anwendung des § 15 Abs. 2 dadurch ausgeschlossen, daß nach dem 4. August 1900 zu den an diesem Tage schon geführten zwei oder drei Waarengruppen noch eine dritte oder vierte hinzugenommen wird. Geht der Betrieb nach dem 4. August 1900 auf eine andere Person über, so bleibt gleichwohl § 15 Abs. 2 anwendbar, wenn für den Rest des Steuerjahres 1900 die veranlagte Gewerbesteuer nach § 41 Gew.St.G. nur umgeschrieben ist, nicht dagegen, wenn, weil der Betrieb von dem neuen Inhaber nicht unverändert fortgesetzt wird, eine neue Veranlagung zur Gewerbesteuer stattgefunden hat; denn alsdann ist eben der anderweite veranlagte Betrieb des neuen Inhabers nicht mehr der am 4. August 1900 bestehende.

[5]) „Zu entrichten". Es erscheint nach dieser Fassung zweifel-

haft, ob die Veranlagung auf den vollen Steuerbetrag lauten und nur die Hälfte desselben unerhoben bleiben soll, oder ob die Veranlagung nur auf den halben Betrag zu lauten hat. Jedenfalls werden die Steuerpflichtigen für befugt zu erachten sein, ihre Ansprüche auf Grund des § 15 Abs. 2 im Rechtsmittelverfahren zu verfolgen. Wirklich als Waarenhaussteuer zu entrichten ist natürlich auch dieser halbe Betrag der normalen Steuer nur, soweit er die Gemeindegewerbesteuer übersteigt (vgl. § 14 Abs. 1).

§. 16.

Der Finanzminister, der Minister des Innern und der Minister für Handel und Gewerbe[1]) sind mit der Ausführung dieses Gesetzes beauftragt.

[1]) Der Minister für Handel und Gewerbe ist mit Rücksicht auf die ihm im § 6 Abs. 5 beigelegten Zuständigkeiten vom Abg.H. hinzugefügt.

Urkundlich unter Unserer Höchsteigenhändigen Unterschrift und beigedrucktem Königlichen Insiegel.

Gegeben Trondhjem a. Bord M. Y. „Hohenzollern", den 18. Juli 1900.

(L. S.)

Wilhelm.

Fürst zu Hohenlohe. v. Miquel. Schönstedt. Brefeld. v. Goßler. Gr. v. Bülow. v. Tirpitz. Studt. Frhr. v. Rheinbaben.

Sachregister.

Die Zahlen bezeichnen die Seiten.

W.

Z.

Druck von A. W. Hayn's Erben, Berlin und Potsdam.

Guttentag'sche Sammlung

Deutscher Reichsgesetze.

Text-Ausgaben mit Anmerkungen. Taschenformat.

1. **Verfassung** des Deutschen **Reichs**. Von Dr. **L. von Rönne.** 10. Aufl. von Landrat **P. von Rönne** und Regierungs-Assessor **von Dobbeler.** 1912. 2 M. 60 Pf.

2. **Strafgesetzbuch** für das Deutsche Reich. Von Dr. **H. Rüdorff.** 23. Aufl. bearbeitet von Prof. Dr. **Fr. v. Liszt** und Dr. **Ernst Delaquis.** Mit der Novelle vom 19. VI. 1912. 1 M. 80 Pf.

3. **Militärstrafgerichtsordnung** nebst Einführungsgesetz Von Wirkl. Geheimen Kriegsrat Dr. jur. **A. Romen** u. Kriegsgerichtsrat Dr. **C. Rissom.** 1910. 6 M.

4. **Handelsgesetzbuch vom 10. Mai 1897 unter Ausschluß des Seerechts.** 14. Aufl. herausgegeben von Geh. Justizrat Prof. Dr. **A. Mosse.** 1911. 5 M.

5. **Wechselordnung vom 3. Juni 1908.** Kommentar von Justizrat Dr. **J. Stranz** und Rechtsanwalt Dr. **M. Stranz,** und das **Wechselstempelsteuergesetz** vom 15. Juli 1909 von Geh. Regierungsrat **P. Loeck.** 11. Aufl. 1913. 4 M.

5a. **Wechselstempelsteuergesetz** apart. 11. Aufl. 1 M. 50 Pf.

6. **Reichsgewerbeordnung** nebst **Ausführungsbestimmungen.** Von **Berger** und **Wilhelmi.** 18. Aufl.

von Stadtrat Dr. **Karl Flesch** in Verbindung mit Dr. **Friedr. Hiller** u. Dr. **Herm. Luppe.** Mit Nachtrag, enthaltend die Änderungen bis 31. III. 1912. 4 M.

7. **Post- und Telegraphen-Gesetzgebung. Nebst Weltpostvertrag und internationalem Telegraphenvertrag** 6. Aufl. von Geh. Ober-Postrat Dr. **M. König.** 1908. 4 M.

8. **Die Reichsgesetze über den Unterstützungswohnsitz, die Freizügigkeit, den Erwerb und Verlust der Bundes- und Staatsangehörigkeit.** Von Geheimrat Dr. **J. Krech,** Mitglied d. Bundesamtes für das Heimatwesen. 8. Aufl. 1913. 3 M. 60 Pf.

9. **Sammlung kleinerer strafrechtlicher Reichsgesetze.** Von Dr. **N. H. Kriegsmann,** Privatdozent in Kiel. 3. Aufl. 1910. 4 M.

10. **Das Reichsbeamtengesetz von J. Pieper.** 2. Aufl. 1901. 4 M. 50 Pf.

— Reichsbeamtengesetz von 1907 siehe Nr. 82.

11. **Zivilprozeßordnung mit Gerichtsverfassungsgesetz.** Von **R. Sydow.** Fortgeführt von **L. Busch,** Reichsgerichtsrat, jetzt zugleich mit **A. Busch,** Gerichtsassessor. 14. Aufl. 8°. 1913. 8 M.

12. **Strafprozeßordnung und Gerichtsverfassungsgesetz nebst den Gesetzen, betr. die Entschädigung der im Wiederaufnahmeverfahren freigesprochenen Personen und die Entschädigung für unschuldig erlittene Untersuchungshaft.** Von Dr. **A. Hellweg**, Reichsgerichtsrat. 16. Aufl. Von Professor Dr. **Kohlrausch.** 1912. 3 M.
13. **Konkursordnung und Anfechtungsgesetz.** Von **R. Sydow.** Fortgeführt von **L. Busch.** 11. Aufl. 1911. 2 M. 80 Pf.
14. **Gerichtsverfassungsgesetz** mit Einführungsgesetz. Herausgegeben von **R. Sydow.** Fortgeführt von **L. Busch.** 9. Aufl. 1905. Mit Nachtrag v. 1. VI. 1909. 1 M. 50 Pf.
15. **Das Deutsche Gerichtskostengesetz nebst den Gebührenordnungen für Gerichtsvollzieher, Zeugen und Sachverständige.** Von **R. Sydow.** Weiter bearbeitet von Reichsgerichtsrat **L. Busch** u. Gerichtsassessor **Arno Busch.** 9. Aufl. 1912. 2 M. 60 Pf.
16. **Rechtsanwaltsordnung.** Von **R. Sydow.** 5. Aufl. von Justizrat **M. Jacobsohn.** 1907. Mit Ergänzungen vom 22. V. 1910. 1 M. 20 Pf.
17. **Die Deutsche Gebührenordnung für Rechtsanwälte und das Preußische Gebührengesetz** vom 27. September / 6. Oktober 1899. Von **R. Sydow.** Fortgeführt von **L. Busch.** 10. Aufl 1911. 2 M. 70 Pf.
18. **Reichsstempelgesetz** vom 15. Juli 1909 in der durch das Zuwachssteuergesetz vom 14. Februar 1911 ge-

änderten Fassung. (Börsen-, Lotterie- [Spiel und Wette-], Frachturkunden-, Fahrkarten-, Kraftfahrzeug-, Tantieme-, Scheck- und Grundstücksübertragungssteuer.) Mit den gesamten Ausführungsbestimmungen. 11. Aufl. von Geh. Regierungsrat **P. Loeck.** 1912. 8°. 6 M. Neue Aufl. im Druck.

19. **Die Seegesetzgebung.** Von Dr. **W. E. Knitschky.** 5. Aufl. bearbeitet von Oberlandesgerichtsrat **Otto Rudorff** in Hamburg. 1913. 8 M.

20. **Krankenversicherungsgesetz.** Von weil. Dr. **E. von Woedtke.** 11. Aufl. von Geh. Reg.-Rat Dr. **G. Eucken-Addenhausen.** 1905. 3 M. Siehe auch Bd. 107.

21. **Die Konsulargesetzgebung.** Von Professor Dr. **Ph. Zorn.** 3. Aufl. bearbeitet von Reg.-Assessor Dr. **K. Zorn.** 1911. 4 M. 50 Pf.

22. **Patentgesetz.** Nebst Ausführungsbestimmungen, völkerrechtlichen Verträgen und der Patentanwalts-Ordnung. 7. Aufl. bearbeitet von **R. Lutter,** Geh. Reg.-Rat im Kaiserl. Patentamt. 1908. 2 M. 80 Pf.

23. **Gewerbe-Unfallversicherungsgesetz.** Von weil. Dr. **E. v. Woedtke.** 9. Aufl. von **Franz Caspar,** Direktor im Reichsamt des Innern. 1907. 2 M. 50 Pf. Siehe auch Bd. 108.

24. **Aktiengesellschaft und Kommanditgesellschaften auf Aktien.** Von Kammergerichtsrat Dr. **H. Keyßner** und Justizrat Dr. **H. Veit Simon.** 6. Aufl. von Amtsrichter **L. Keyßner.** 1911. 3 M.

25. **Brausteuergesetz** vom 15. Juli 1909. Von **A. Düffe,** Oberzollrevisor. 2. Aufl. 1910. 3 M.

26. **Die Reichsgesetzgebung über Münz- und Notenbankwesen, Papiergeld, Prämienpapiere und Reichsschulden.** Von Dr. jur. **R. Koch, Präsident des Reichsbankdirektoriums.** 6. Aufl. 1910. 4 M.

27. **Die Gesetzgebung, betr. das Gesundheitswesen** im Deutschen Reich. Von Dr. jur. **C. Goesch** und Dr. med. **J. Karsten.** 1888. 1 M. 60 Pf.

28. **Bau-Unfallversicherungsgesetz.** Vom 30. Juni 1900. Von **R. Chrzescinski,** Kaiserl. Regierungsrat. 3. Aufl. 1900. 2 M. Siehe auch Bd. 108.

29. **Erwerbs- und Wirtschaftsgenossenschaften.** Von **L. Parisius** und Dr. **H. Crüger.** 14. neubearb. Aufl. von Dr. **H. Crüger.** 1912. 1 M. 80 Pf.

30. **Invalidenversicherungsgesetz** vom 13. Juli 1899. Von weil. Dr. **E. v. Woedtke.** 10. Aufl. von Regierungsrat **H. Follmann.** 1906. 4 M. (Vergriffen!) Neue Fassung s. Bd. 109 Reichsversicherungsordnung.

31. **Gewerbegerichtsgesetz.** Von Stadtrat **L. Mugdan.** 7. Aufl. bearbeitet von **W. Cuno,** Oberbürgermeister zu Hagen i. W. 1911. 2 M. 50 Pf.

32. **Reichsgesetz, betr. die Gesellschaften mit beschränkter Haftung.** Von **L. Parisius** und Dr. **H. Crüger.** 12. Aufl. von Dr. **H. Crüger.** 1912. 1 M. 80 Pf. Neue Aufl. im Druck.

33. **Vereins- und Versammlungsrecht.** Von Dr. **E. Ball.** 2. Aufl. von Dr. **F. Friedenthal.** 1907. 2 M. 50 Pf.

Reichs-Vereinsgesetz vom 19. April 1908 vide Nr. 88.

34. **Die Abzahlungsgeschäfte.** Gesetz vom 16. Mai 1894. 3. vermehrte Aufl. besorgt von Dr. **E. Wilke,** Landgerichtsrat. 1910. 1 M. 25 Pf.

35. **Die Reichs-Eisenbahngesetzgebung.** Von **W. Coermann,** Kaiserl. Amtsrichter. 1895. 2 M. 25 Pf. Siehe auch Bd. 66.

36. **Gesetze, betr. die privatrechtlichen Verhältnisse der Binnenschiffahrt und der Flößerei.** Von **E. Löwe,** Landgerichtsrat. 4. Aufl. 1909. 3 M.

37. **Gesetz gegen den unlauteren Wettbewerb.** Von Justizrat **A. Pinner.** 6. Auflage. 1912. 1 M. 50 Pf.

38/39. **Bürgerliches Gesetzbuch nebst Einführungsgesetz** von Dr. **A. Achilles.** In Verbindung mit Professor Dr. **André,** Kammergerichtsrat **Ritgen,** Reichsgerichtsrat Dr. **Strecker,** Senatspräsident Dr. **v. Unzner,** herausgegeben von Wirkl. Geh. Ober-Justizrat und Oberlandesgerichtspräsident **Greiff.** 7. Aufl. 8⁰. 1912. 7 M.

40. **Gesetz, betr. die Pflichten der Kaufleute bei Aufbewahrung fremder Wertpapiere (Depotgesetz).** Mit Erläuterungen. Von **F. Lusensky,** Geh. Ober-Regierungsrat. 2 Aufl. 1905. 1 M.

41. **Börsengesetz.** In der Fassung der Novelle vom 8. Mai 1908. 2. Aufl. Von Wirkl. Geh. Ob.-Regierungsrat **Th. Hemptenmacher,** Staatskommissar an der Berliner Börse. 1908. 2 M.

42. **Grundbuchordnung** nebst den preußischen Ausführungsbestimmungen. Mit Einleitung. Von Prof. Dr. **O. Fischer.** 6. Aufl. 1912. 2 M.

43. **Zwangsvollstreckung in das unbewegliche Vermögen** im Reiche und in Preußen. Mit Einleitung, Kosten- und Gebührentabellen. Von Dr. **J. Krech,** Kaiserl. Geh. Regierungsrat und Professor Dr. **O. Fischer.** 6. Aufl. 1910. 2 M.

44. **Das Reichsgesetz über das Auswanderungswesen** vom 9. Juni 1897. Von Professor Dr. **Felix Stoerk.** 1899. 2 M. 25 Pf.

45. **Das Entmündigungsrecht** unter Berücksichtigung der für Preußen geltenden Vorschriften nebst der preußischen Justiz-Ministerial-Verfügung vom 28. November 1899. Von Landgerichtsrat Dr. **P. Koll** in Cöln. 1900. 1 M. 50 Pf.

46. **Die Gesetze des Reiches und Preußens über die freiwillige Gerichtsbarkeit.** Von **Herm. Jastrow,** Amtsgerichtsrat. 5. Aufl. 1911. 3 M. 60 Pf.

47. **Das deutsche Vormundschaftsrecht und das preuß. Gesetz über die Fürsorgeerziehung Minderjähriger nebst den dazu gehörigen preußischen Nebengesetzen.** Von Oberverwaltungsgerichtsrat **Max Schultzenstein** und Amtsgerichtsrat Dr. **Paul Köhne.** 2. Aufl. 1901. 3 M.

48. Gesetze und Verordnungen, betr. den **Drogen-, Gift- und Farbenhandel** außerhalb der Apotheken. Von Dr. **J. Broh,** Rechtsanwalt. 1899. 1 M. 25 Pf.

49. Deutsche **Kolonialgesetzgebung.** Von Geh. Justizrat Professor Dr. **Philipp Zorn.** 2. Aufl. von Gerichtsassessor Dr. **Sassen.** 1913. 7 M. 50 Pf.

50. Der **Viehkauf** (Viehgewährschaft) nach dem Bürgerlichen Gesetzbuche. Nebst Verordn. betr. die Hauptmängel und Gewährsfristen beim Viehhandel. Von Rechtsanwalt Dr. **H. Stölzle** und Königl. Kreistierarzt **H. Weiskopf.** 5. Aufl. 1913. 6 M.

51. **Hypothekenbankgesetz** vom 13. Juli 1899. Von Dr. **H. Göppert.** 2. Aufl. Bearbeitet v. Geh. Reg.-Rt. Dr. **Seidel.** 1911. 2 M. 40 Pf.

52. Gesetz, betreffend die gemeinsamen **Rechte der Besitzer von Schuldverschreibungen.** Von Dr. **Heinrich Göppert.** 1900. 2 M.

53. **Reichspreßgesetz** vom 7. Mai 1874. Mit Kommentar von **A. Born,** Erster Bürgermeister der Stadt Marienburg (Westpr.). 1911. 2. Aufl. 2 M.

54. **Die Reichsgesetzgebung über den Verkehr mit Nahrungsmitteln, Genußmitteln und Gebrauchsgegenständen.** Von Dr. **Georg Lebbin,** Nahrungsmittelchemiker in Berlin. 1900. 2 M. 25 Pf.

55. **Das Recht der Beschlagnahme von Lohn- und Gehaltsforderungen.** Von Justizrat **Georg Meyer.** 5. Aufl. 1913. Im Druck.

56. **Gesetz,** betr. **die Bekämpfung gemeingefährlicher Krankheiten.** Nebst Ausführungsbestimmungen. Von Dr. **Bruno Burkhardt,** Regierungsrat, Mitglied des Kais. Gesundheitsamts. 1900. 1 M. 40 Pf.

57. **See-Unfallversicherungsgesetz.** Von **Dr. Max Mittelstein,** Oberlandesgerichtsrat in Hamburg. 1901. 2 M. Siehe auch RG. Bd. 108.

58. **Das Recht der unehelichen Kinder nach** dem BGB. Von **Hermann Jastrow,** Amtsg.-Rat. 1901. 1 M. 80 Pf.

59. Reichsgesetz über **die Beurkundung des Personenstandes und die Eheschließung.** Von Dr. **F. Fidler,** Amtgerichtsrat. 1912. 2. Aufl. 2 M. 50 Pf.

60. **Gesetz,** betreffend **das Urheberrecht an Werken der Literatur und der Tonkunst** in der Fassung vom 22. V. 1910. Von Geh. Justizrat **Otto Lindemann.** 3. Aufl. 1910. 1 M. 60 Pf.

61. **Gesetz über das Verlagsrecht.** Von Justizrat **E. Heinitz.** 2. Aufl. Bearbeitet v. Rechtsanwalt Dr. **Br. Marwitz.** 1911. 1 M. 80 Pf.

62. Ges. über **private Versicherungsunternehmungen.** Von **H. Könige,** Reichsgerichtsrat. 2. Aufl. 1910. 4 M. 20 Pf.

63. **Gesetzestafel des Deutschen Reichsrechts.** Systematisch geordnete Nachweisung des z. Z. geltenden Reichsrechts. Ergänzungsband zu der Guttentag'schen Sammlung Deutscher Reichsgesetze. Von **Hugo Bruhns,** Bürgermeister. 2. Aufl. 1913. 3 M. 50 Pf.

64. Gesetzsammlung betr. den **Handel mit Drogen und Giften.** Reichsgesetzl. Bestimmungen und Anhang mit den landesgesetzl. Verordnungen sämtlicher Bundesstaaten. Von Rechtsanwalt **H. Sonnenfeld,** Syndik. d. Berl. Drogisten-Innung. 2. Aufl. 1912. 4 M.

65. Das **Weingesetz** in der Fassung v. 1909. Mit Ausführungsbestimmungen von Dr. **Georg Lebbin,** Nahrungsmittelchemiker. 2. Aufl. 1909. 2 M. 50 Pf.

66. Die **Eisenbahn-Gesetzgebung.** Von **W. Pietsch,** Rechnungsrat im Reichs-Eisenbahn-Amt. 2. Aufl. 1913. 3 M. 60 Pf.

67. **Militär-Strafgesetzbuch** für das Deutsche Reich mit der Novelle vom 8. VIII. 1913. Von Wirkl. Geh. Kriegsrat Dr. **A. Romen** und Kriegsgerichtsrat Dr. **C. Rissom.** 1912. 6 M.

68. Das **Fleischbeschaugesetz.** Vom 3. Juni 1900. Von Dr. **Georg Lebbin,** Nahrungsmittelchemiker und Rechtsanwalt Dr. **Georg Baum.** 1903. 4 M.

69. Reichsgesetz über die **Naturalleistungen der bewaffneten Macht im Frieden nebst den in Preußen** geltenden Bestimmungen. Von Regierungsassessor Dr. **Walter v. Hippel.** 1903. 1 M. 25 Pf.

70. **Das Reichs-Haftpflichtgesetz,** vom 7. Juni 1871. Von Regierungsrat Dr. **G. Eger.** 1903. 3 M.

71. **Kinderarbeit in gewerblichen Betrieben,** v. 30. März 1903. Von **H. Spangenberg,** Oberverwaltungsgerichtsrat. 2. Aufl. 1904. 1 M. 60 Pf.

72. **Unfallversicherungsgesetz für Land- und Forstwirtschaft** von weil. Dr. **E. von Woedtke,** fortgesetzt von **Alfred Radtke,** Geh. Regierungsrat und Senatspräs. im Reichsversicherungsamt. 2. Aufl. 1904. 4 M. 50 Pf.

73. **Entschädigung für unschuldig erlittene Verhaftung und Bestrafung.** Nebst Anhang, enth. die dazu gehörigen Nebengesetze über Schadensersatz. Von Dr jur. **A. Romen,** Wirkl. Geh. Kriegsrat. 1904. 2 M.

74. Die **Kaufmannsgerichte** nebst den preuß. Ausführungsbestimmungen. Von Prof. Dr. **Max Apt,** 3. Aufl. 1905. 2 M.

75. Reichsgesetz über die **Konsulargerichtsbarkeit.** Von Dr. jur. **A. F. Vorwerk,** Rechtsanwalt in Schanghai. 2. Ausgabe, mit dem Schutzgebietsgesetz und der Ausführungsverordnung, betr. die Rechtsverhältnisse in den Schutzgebieten. 1908. 2 M.

76. **Die Rechtshilfe im Verkehr mit den ordentlichen Gerichten nach deutschem Reichsrecht.** Von Landrichter Dr. **A. Friedländer.** 1906. 1 M. 80 Pf.

77. **Das Reichserbschaftssteuergesetz.** Vom 3. Juni 1906. Von **Ulrich Hoffmann,** Rechnungsrat im Kgl. Preuß. Finanzministerium. 2. Aufl. 1911. 5 M.

78. **Zigarettensteuergesetz.** Vom 15. Juli 1909. Von Dr. **Cuno**, Regierungsassessor. 2. Aufl. in Vorbereitung, nach Erlaß der sämtlichen Ausf.-Best.

79. **Die Militärpensionsgesetze** vom 31. Mai 1906 nebst Ausführungsbestimmungen. Zum Gebrauch für Heer, Marine und Schutztruppe von Dr. jur. **A. Romen**, Wirklicher Geheimer Kriegsrat.

a) I. Teil: Offizierpensionsgesetz. 1907. 3 M. 50 Pf.

b) II. Teil: Mannschaftsversorgungsgesetz. 1908. 3 M. 50 Pf.

80. Reichsgesetzgebung über **gerichtliche Registerführung.** Von **Otto Lindemann**, Geh. Justizrat 1906. 3 M.

81. Gesetz, betr. **Urheberrecht an Werken der bildenden Künste und der Photographie.** Von Dr. **Ludw. Fuld**, Rechtsanwalt. 1907. 1 M.

82. **Reichsbeamtengesetz** in der Fassung vom 18. Mai 1907 und seine Ergänzungen von Geheimrat Professor Dr. **Ad. Arndt.** 1908. 3 M.

83. Reichsgesetz über **den Versicherungsvertrag** nebst Einführungsgesetz. Von Dr. **Paul Hager** und Dr. **E. Bruck.** 3. vermehrte u. verbess. Aufl. 1913. 6 M.

84. **Sammlung kleinerer privatrechtlicher Reichsgesetze** v. Oberl.-Ger.-R. **Georg Müller.** 1908. 6 M. 50 Pf.

85. **Scheckgesetz** mit Einleitung usw. Von Prof. Dr. **Max Apt.** 5. Aufl. Mit Postscheckordnung v. 6. XI. 1908 und im Anhang „Besteuerung des Schecks". 1909. 2 M.

Postscheckordnung vom 6. XI. 08. Apart mit Erläuterungen u. Ausführungsbestimmungen. (30 Pf.)

86. **Die Auslieferungsverträge des Deutschen Reiches** von Landrichter **A. Cohn.** 1908. 4 M.

87. **Gesetz** zum **Schutz der Warenbezeichnungen.** Von Geh. Reg.-Rat, Mitgl. des Patentamts Dr. **Freund** u. Rechtsanwalt **Magnus.** 5. Aufl. 1909. 3 M. 50 Pf.

88. **Vereinsgesetz** vom 19. April 1908. Von Dr. jur. **A. Romen,** Wirkl. Geh. Kriegsrat. 3. Aufl. 1912. 2 M. 50 Pf.

89. **Vogelschutzgesetz** vom 30. Mai 1908 **nebst den das** Flugwild betr. Bestimmungen der Preußischen Jagdordnung von Dr. jur. **Leo von Boxberger.** 1908. 1 M.

90. Die Haager **Abkommen über das Internationale Privatrecht** von Dr. **G. A. E. Bogeng.** 1908. 2 M. 20 Pf.

91. **Eisenbahn-Verkehrsordnung** vom 23. Dez. 1908. Mit Ausführungsbestimmungen. Von Regierungsassessor bei der Eisenbahndirektion Breslau Dr. **Ernst Blume.** 1909. 2 M. 50 Pf.

92. Gesetz, betr. den **Verkehr mit Kraftfahrzeugen.** Von Amtsrichter **R. Kirchner.** 2. Ausgabe ergänzt durch die Bundesratsverordn. v. 3. Febr. 1910 u. das Intern. Uebereinkommen v. 11. Okt. 1909. 1910. 3 M.

93. Gesetz über die **Sicherung der Bauforderungen** von Justizrat Dr. **E. Harnier.** 3. Aufl. 1912. 1 M. 60 Pf.

94. **Haftpflicht der Reichs- und Staats-Beamten** v. Dr. **H. Delius.** 2. Aufl. 1909. Mit Nachtrag, enthaltend das Gesetz über die Haftung des Reichs für seine Beamten v. 22. Mai 1910. 3 M. 50 Pf.

95. Die Berner Uebereinkunft über **internationales Urheberrecht** von Dr. **Herm. Dungs,** vortrag. Rat im Reichsjustizamt. 1910. 1 M.

96. **Branntweinsteuergesetz** vom 15. Juli 1909. Unter Berücksichtigung der für das Reich erlassenen Ausführungsbestimmungen. Von Geh. Reg. Rat **Johs. Nay,** vortrag. Rat im Reichsschatzamt. 1910. 3 M. 50 Pf.

97. **Schutzgebietsgesetz** nebst der Verordn. betr. die Rechtsverhältnisse i. d. Schutzgebieten, dem Gesetz über die Konsulargerichtsbarkeitsgesetz sowie den Ausführungsbest. u. ergänzenden Vorschriften. Von **Johs. Gerstmeyer,** Wirkl. Legationsrat u. Vortrag. Rat im Reichskolonialamt. 1910. 3 M.

98. **Sechs Haager Abkommen über Internationales Privatrecht.** Von Dr. **Herm. Dungs,** vortrag. Rat im Reichsjustizamt. 1910. 1 M. 50 Pf.

99. **Die Abkommen der Haager Friedenskonferenz** von Dr. jur. **Hans Wehberg.** 1910. 3 M.

100. **Gesetz über den Absatz von Kalisalzen.** Von Geh. Bergrat **Carl Voelkel.** 1910. 2 M. 40 Pf.

101. **Zuwachssteuergesetz** vom 14. Febr. 1911. Von Dr **W. Cuno,** Reg.-Rat im Reichsschatzamt. 1911. 3 M. 60 Pf.

102. **Urheberrecht an Mustern u. Modellen** u. Ges. betr. Schutz von Gebrauchsmustern von Reg.-Rat **Johs. Neuberg,** Mitgl. d. K. Patentamts. 1911. 2 M. 40 Pf.

103. **Reichs-Viehseuchengesetz** vom 26. Juni 1909 nebst Ausführungsvorschriften u. dem preuß. Ausführungsgesetz Von Landrat Dr. **Walter v. Hippel.** 2. Aufl. 1912. 4 M. 50 Pf.

104. **Versicherungsgesetz** für Angestellte vom 20. Dez' 1911. Von Rechtsanwalt **O. Bernstein** und Dr. **J. Kupferberg.** 2. Aufl. 1912. 3 M. 50 Pf

105. **Das Geldwesen in den deutschen Schutzgebieten.** Von **W. Hintze,** Geheimer expedierter. Sekretär im Reichskolonialamt. 1912. 2 M.

106-109. **Reichs-Versicherungs-Ordnung nebst Einführungsgesetz:** Herausgegeben unter Mitwirkung von Dr. **F. Caspar,** Wirkl. Geh. Rat, Direktor im Reichsamt d. Innern und **A. Spielhagen,** Geh. Ob.-Reg Rat, vortrag. Rat im Reichsamt d. Innern. 4 Bände. Preis pro Band etwa 3—4 M.

106. Erstes, fünftes und sechstes Buch. **Gemeinsame Vorschriften. — Beziehungen der Versicherungsträger zu einander und zu anderen Verpflichteten. — Verfahren.** Bearbeitet von Dr. **K. Lippmann,** Reg.-Rat im Reichsversicherungsamt, Professor, Geh. Rat. Dr. **L. Laß** und Geh. Reg.-Rat **H. Siefart,** vortrag. Räte im Reichsamt des Innern. 1913. 6 M.

107. Zweites Buch. **Krankenversicherung.** Von Geh. Reg.-Rat. **H. Siefart,** vortrag. Rat im Reichsamt des Innern. 1913. Im Druck.

108. Drittes Buch. **Unfallversicherung.** Von Geh. Reg.-Rat **A. Radtke,** Senatsvorsitzender im Reichsversicherungsamt. 1913. 8 M.

109. Viertes Buch. **Invaliden- und Hinterbliebenenversicherung.** Bearbeitet von Geh. Ober-Regierungsrat **B. Jaup,** vortragender Rat im Reichsamt des Innern und **H. Follmann,** Geh. Reg.-Rat im Reichsversicherungsamt. 1912. 4 M.

110. **Wehrbeitragsgesetz.** Von Geh. Ober-Finanzrat **A. Fernow.** 1913. 1 M. 60 Pf.

111. **Reichs- und Staatsangehörigkeit.** Vom 22. Juli 1913. Von Dr. **R. Romen,** Wirklichen Geheimen Kriegsrat. 1913. 2 M. 20 Pf.

112. **Kaufmannsgerichte.** Von Dr. **H. Depène.** 1914. 2 M. 60 Pf.

In Vorbereitung:

Besitzsteuergesetz (Vermögens-, Zuwachssteuergesetz). Von Geh. Ober-Finanzrat **A. Fernow.**

Guttentag'sche Sammlung

Preußischer Gesetze.

Text-Ausgaben mit Anmerkungen. Taschenformat.

---

1. **Die Verfassungs-Urkunde** für den Preußischen Staat. Mit Einleitung, vollständigem Kommentar. Von Prof. Dr. **Adolf Arndt.** 7. Aufl. 1911. 4 M.

2. **Preußische Beamten-Gesetzgebung.** Enthaltend die wichtigsten Beamtengesetze in Preußen. Von **C. Pfafferoth.** 4., neubearb. Aufl. 1905. Mit Anhang: Abänderung vom 27. Mai 1907. 2 M.

3. **Die Aufnahme des Nottestaments** durch die bestellten Urkundspersonen. Anweisung mit Musterbeispielen und Abriß des Erbrechts von Amtsgerichtsrat **C. Kurtz.** 1904. 1 M. 50 Pf.

4. **Gebührenordnung** für Notare vom 25. Juli 1910. 4. Aufl. bearbeitet von Justizrat **Rausnitz.** 1910. 2 M. 20 Pf.

5. **Gesetz vom 24. April 1854 (betr. die außerehel. Schwängerung).** Von Dr. **Schulze.** 1873. 75 Pf.
Gültiges Recht siehe: Reichsgesetze Nr. 58.

6. **Die Preuß. Ausführungsgesetze und Verordnungen zu den Reichs-Justizgesetzen.** Von **R. Sydow.** Siehe Seite 24, Busch-Eylau, **Ausführungsgesetze.**

7. **Allg. Gerichtsordnung und Preuß. Konkursordnung.** Von **F. Vierhaus.** Vergriffen.

8. **Vormundschaftsordnung.** Von **F. Schultzenstein.** Gültiges Recht siehe: Reichsgesetze Nr. 47.

9. Die Preußische **Grundbuchgesetzgebung.** Von Prof. Dr. **Fischer.** Vergriffen. Siehe: Reichsgesetze Nr. 42.

10. **Einkommensteuergesetz.** Von **A. Fernow,** Geh. Ober-Finanzrat. 8. Aufl. 1913. 5 M.

11. **Gewerbesteuergesetz.** Von **A. Fernow,** Geh. Ober-Finanzrat. 5., vermehrte Aufl. 1910. 3 M.

12. **Allgemeines Berggesetz** für die Preußischen Staaten vom 24. Juni 1865. Von **W. Westhoff** und **W. Schlüter.** 3 Aufl. bearbeitet von **Schlüter** und **Hense,** Oberbergräten. 1913. 7 M. 50 Pf.

13. **Ergänzungssteuergesetz** . (Vermögenssteuergesetz). Von **A. Fernow,** Geh. Ober-Finanzrat. 4. vermehrte Aufl. 1907. 2 M. 40 Pf.

14. **Kommunalabgabengesetz.** Vom 14. Juli 1893 und Gesetz wegen Aufhebung direkter Staatssteuern. Von Dr. **F. Adickes,** Oberbürgermeister. 5. Aufl. Bearb. v. Stadtrat Dr. **Woell.** 1911. 2 M. 40 Pf.

15. Die **Kreisordnungen** für den Preußischen Staat. Von **O. Kolisch,** Landgerichtsrat. 1894. 4 M.

16. **Konzessionierung gewerblicher Anlagen.** Preuß. Ausführungs-Anweisung zu §§ 16 u. ff. der Gewerbe-Ordnung. Von Dr. **W. v. Rüdiger,** Geh. Regierungs- u. Gewerberat. 2. Aufl. 1901. 2 M.

17. **Preußisches Gerichtskostengesetz.** Vom 25. Juli 1910. Mit Kostentabellen. Von Dr. **P. Siméon**, Kammergerichtsrat. 7. Aufl. 1913. 4 M.

18. **Preußisches Stempelsteuergesetz** vom 30. Juni 1909. Mit sämtl. Ausf.-Bestimmungen. Von **P. Loeck**, Geh. Regierungsrat. 7. Aufl. 8°. 1911. 7 M.

19. **Das Jagdscheingesetz.** Mit ausführlichen Erläuterungen. Von **F. Kunze**, Wirklichem Geh. Ober-Regierungsrat. 2. Aufl. 1899. 2 M.

20. **Die preußischen Erbschaftssteuergesetze.** Unter Berücksichtigung der Novelle vom 31. Juli 1895. Von **U. Hoffmann**, Rechnungsrat im Königl. preuß. Finanzministerium. 1905. 4 M. (Reichs-Erbschaftssteuergesetz s. Reichsgesetze Nr. 77).

21. **Gesetz über die Handelskammern.** Von **F. Lusensky**, Geh. Regierungsrat. 2. Aufl. 1909. 3 M.

22. **Gesetz, betr. Anstellung und Versorgung der Kommunalbeamten.** Von Dr. **W. Ledermann**, Magistratsassessor zu Berlin. 1899. 1 M. 25 Pf. Neue Aufl. im Druck.

23. **Ausführungsgesetz zum Bürgerlichen Gesetzbuche.** Von Kammergerichtsrat Dr. **P. Siméon.** 2. Aufl. 1905. 1 M. 80 Pf. S. auch Busch-Eylau S. 24. Neue Aufl. im Druck.

24. **Die Hinterlegungsordnung** in der Fassung des Ausführungsgesetzes z. BGB. v. 20. Sept. 1899 nebst Ausführungsbestimmungen. Von Regierungsrat Dr. **Georg Bartels.** 2. Aufl. 1908. 2 M. Neue Aufl. im Druck.

25. **Preußische Kommunalbeamtengesetzgebung.** Von Magistr.-Assess. Dr. **Fr. Kremski**, Berlin. 1901. 3 M.

26. **Gesetze über das Diensteinkommen der Lehrer und Lehrerinnen, Ruhegehalt und Fürsorge für Hinterbliebene.** Tabelle zur Berechnung der Ruhegehalts-, Witwen- u. Waisenbezüge. Von Dr. **Ed. Cremer**, Beigeordneter. 1900. 2 M. 40 Pf.

27. **Gesetz, betreffend die Warenhaussteuer.** Von Geh. Ober-Finanzrat Dr. **G. Strutz.** 1900. 1 M. 20 Pf.

28. **Gesetz über die Fürsorgeerziehung Minderjähriger.** Von Landgerichtsdirektor Dr. **P. F. Aschrott.** 2. umgearbeitete Aufl. 1907. 2 M. 80 Pf.

29. **Gesetz,** betr. **die ärztlichen Ehrengerichte, das Umlagerecht und die Kassen der Aerztekammern.** Von Amtsgerichtsrat Dr. **F. Fidler.** 1901. 1 M. 50 Pf.

30. **Das Preußische Staatsschuldbuch** und **Reichsschuldbuch.** Von Wirkl. Geh. Ober-Finanzrat **J. Mücke.** 1902. 2 M.

31a. **Die geltenden Preußischen Gesindeordnungen.** Herausgegeben in zwei Bänden von **Stephan Gerhard**, Rechtsanwalt in Berlin. 1902.

Band I: Gesindeordnung für die altpreußischen Provinzen vom 8. XI. 1810, mit Erläuterungen unter Berücksichtigung der Ergänzungsgesetze und der Rechtsverhältnisse der Gesindevermieter, sowie die Gesindeordnungen für Neuvorpommern und Rügen und für die Rheinprovinz. 2. Aufl. 1914. 3 M.

31b. **Band II:** Gesindeordnungen für Hannover, Schleswig-Holstein, Hessen-Nassau und den Regierungsbezirk Hohenzollern. 2 M. 50 Pf.

32. **Die Städteordnung für die sechs östlichen Provinzen Preußens** vom 30. Mai 1853. Von Stadtrat Dr. **Walter Ledermann** u. Magistratsrat Dr. **Ludwig Brühl.** 2. Aufl. 1913. 7 M. 50 Pf.

33. **Rentenguts- und Anerbenrechts-Gesetzgebung in Preußen.** Von Landgerichtsrat **M. Peltasohn** und Rechtsanwalt **Bruno Peltasohn.** 1903. 3 M.

34. Sammlung der wichtigsten **preußischen Strafgesetze** nebst Anhang: Gesetz betr. polizeiliche Strafverfügungen vom 23. April 1883. Von **Otto Lindemann,** Geheimen Justizrat. 1912. 2. Aufl. 3 M. 50 Pf.

35. **Geschäftsordnung für Gerichtsvollzieher.** Gerichtsvollzieherordnung und Gebührensätze von Amtsgerichtssekretär **Emil Exner.** 1904. 3 M. 50 Pf.

36. **Polizeiverordnungen in Preußen.** Von **Otto Lindemann,** Geh. Justizrat. 1912. 2. Aufl. 2 M. 50 Pf.

37. **Gesetz über die Enteignung von Grundeigentum** vom 11. Juni 1874. Von Oberlandesgerichtsrat **O. Meyer.** 2. Aufl. 1911. 2 M. 25 Pf.

38. **Kreis- und Provinzial-Abgabengesetz.** Vom 23. April 1906. Von **Fr. Schmidt,** Gemeindevorsteher. 1906. 1 M. 25 Pf.

39. Gesetz betr. die **Unterhaltung der öff. Volksschulen.** Von **Dr. A. Marcks,** Reg.-Rat. 1906. 2 M.

40. **Verwaltungsstrafverfahren** bei Zuwiderhandlungen gegen die Zollgesetze und indirekte Reichs- und Landesabgaben, sowie die Bestimmungen über die Schlacht- und Wildpretsteuer v. 26. VII. 1897. Von **Dr. R. Katzenstein,** Ger.-Ass. 1907. 3 M. 60 Pf.

41. **Die preußischen Jagdpolizeigesetze.** Von **Fr. Kunze,** Wirkl. Geh. Oberregierungsrat und **R. Kühnemann,** Rechtsanwalt. 2. Aufl. 1907. 3 M. 60 Pf.

42. Die Gesetzgebung über die **Allgemeine Landesverwaltung und über die Zuständigkeit der Verwaltungs- und Verwaltungsgerichtsbehörden.** Von Rechtsanwalt **Dr. Karl Friedrichs.** 1908. 3 M.
43. Gesetz, betr. die **Zulassung einer Verschuldungsgrenze** für land- und forstwirtschaftlich benutzte **Grundstücke.** Von Dr. jur. **R. Leweck, Syndikus.** 1908. 2 M. 40 Pf.
44. **Quellenschutzgesetz** nebst den Ausführungsbestimmungen. Von **Carl Voelkel,** Geheimer Bergrat. 1909. 1 M.
45. **Rechtsverhältnisse der Juden in Preußen.** Von Dr. jur. **Max Kollenscher,** Rechtsanwalt. 1910. 2 M. 40 Pf.
46. **Austritt aus der Landeskirche** v. 14. V. 1873. Von Gerichtsass. **Hrch. Chr. Caro.** 1911. 2 M. 40 Pf.
47. Gesetz, betr. die **Feuerbestattung** von Amtsgerichtsrat **Dr. W. Lohmann.** 1911. 1 M. 50 Pf.
48. **Zweckverbandsgesetz für Großberlin** vom 19. Juli 1911 nebst Abdruck des allgemeinen Zweckverbandsgesetzes. Von Magistratsräten Dr. **Ludw. Brühl,** Dr. **Kurt Gordan** und Stadtrat Dr. **Walter Ledermann** in Berlin. 1912. 4 M.
49. **Gesetze gegen die Verunstaltung landschaftlich hervorragender Gegenden** mit Ausführungsanweisungen. Von Regierungsrat **Otto Goldschmidt.** 1912. 2 M. 50 Pf.
50. **Gesetz, betr. die Anlegung und Veränderung von Straßen und Plätzen in Städten und ländlichen Ortschaften** von Oberlandesgerichtsrat **O. Meyer.** 1912. 3 M.
51. **Preußisches Disziplinargesetz** von **Dultzig** im Druck.
52. **Preußisches Wassergesetz** vom 7. April 1913 von Rechtsanwalt **Georg Wulff** und Rechtsanwalt **Ferd. Herold.** 1913. 5 M.

Reichsfinanzgesetze v. 1909 einschl. der **Reichsstempelgesetze u. des Erbschaftssteuergesetzes.** 1909. 2 M.

Versicherungsgesetz f. Angestellte v. 20. Dez. 1911. 1 M. 25 Pf.

Zuwachssteuergesetz vom 14. Febr. 1911. 80 Pf. Ausführungsbestimmungen dazu 60 Pf.

Die Preußischen Ausführungsgesetze, Verordnungen und ministeriellen Verfügungen zu dem Bürgerlichen Gesetzbuche und den Reichs-Justizgesetzen nebst anderen zugehörigen Gesetzen. Von **L. Busch.** 2. Aufl. von Landrichter **O. Eylau.** 8°. Preis geb. 4 M. 50 Pf.

Preußische Bürgerliche Gesetzsammlung. Sammlung der noch geltenden Landesgesetze privatrechtlichen Inhalts. Herausgegeben von den Gerichtsassessoren **D. Fischer** und **Dr. F. Schroeder.** 8°. 2 Bände Preis geb. in ganz Leinen 20 M.

Erster Band: **Das Allgemeine Landrecht mit den Einführungs-Patenten.** Preis 6 M.

Zweiter Band: **Gesetze von 1773—1902.** Preis 14 M.

Strafgesetzbuch. Mit ausführl. Sachregister. 1912. 1 M. 20 Pf.

Schlagwort-Register.

R. = Nummer der Sammlung Deutscher Reichsgesetze.
P. = Nummer der Sammlung Preußischer Gesetze.
S. = Seite.

Nr. 1. I. 1914. 3 000.

FSC
www.fsc.org
MIX
Papier | Fördert
gute Waldnutzung
FSC® C083411

Kolibri 360 GmbH
Ferdinand-Jühlke-Straße 7
99095 Erfurt, Deutschland
produktsicherheit@kolibri360.de